El diario de Cristóbal Colón

Primera Parte

EL MUNDO DEL SIGLO° XV

siglo century

El siglo XV fue una época° de exploraciones marítimas y terrestres. Se buscaban nuevas rutas por tierra y por mar[1] hacia el sol poniente° que llevaran a lugares donde comerciar° con tesoros° en metales y piedras preciosas, textiles, azúcar, maderas finas,° marfil,° oro y hasta con esclavos.°[2] Los barcos traían de Oriente especias,° arte, cuentos° y anécdotas de los confines° de la tierra: Indonesia, las islas Molucas...[3] lugares que habían sido visitados por muy pocos europeos.

El más famoso explorador europeo del siglo XIV fue Marco Polo,[4] y los interesantes diarios de su viaje a China debieron fascinar a muchos y avivar° su curiosidad sobre lugares lejanos° y exóticos.

Así, en los siglos siguientes° se exploraron lugares legendarios como el reino del Preste° Juan,[5] y hasta se intentó encontrar el paraíso terrenal°[6] con sus míticos portones° de cristal y fuego. Según la creencia° de la época, del paraíso fluían los ríos Ganges, Nilo, Tigris y Éufrates.[7]

En el siglo XV no había una clara separación entre la realidad y la fantasía. Se creía en la existencia de grandes monstruos marinos; en grandes remolinos° que tragaban° carabelas° enteras; en escollos magnéticos° que arrancaban° los clavos° de las embarcaciones° y en muchos otros mitos.

época period
sol poniente setting sun
comerciar to trade
tesoros treasures
maderas finas fine wood
marfil ivory
esclavos slaves
especias spices
cuentos tales
confines ends
avivar to excite, to arouse
lugares lejanos faraway places
siguientes following
Preste Priest
paraíso terrenal Garden of Eden
portones porticos (gates)
creencia belief
remolinos whirlpools
tragaban swallowed
carabelas caravels, three-masted vessels
escollos magnéticos magnetic reefs
arrancaban pulled away
clavos nails
embarcaciones ships

1

En el siglo XV se creía en la existencia de grandes monstruos marinos.

Notas

1. The Hundred-Year War (mid-fourteenth century to mid-fifteenth century) had devastated Europe's resources; therefore, only at the end of the war was there a renewed interest in the technology of the sea, in shipbuilding. To the east, the Turks and the Arabs (Moslems) had control of the Mediterranean. The ancient trade routes of intermediary merchants through the Sahara and into the east were closing, or had been closed, by the Moslem armies. Europeans had to find new routes, by sea, to the far reaches of the East.

2. The slave trade was greatly exploited by the Portuguese, who were great seafarers. The gold trade began in the Gulf of Guinea, along the Atlantic coast of central Africa. The Portuguese sailors traded gold with the natives in great quantities. Gold was panned in the rivers of Africa, and the natives did not understand its value at first. The gold trade was followed by the slave trade.

3. The Moluccas are an archipelago (a body of water with scattered islands) in Indonesia.

4. Marco Polo (1254–1324), a traveler from Venice, Italy, explored across Asia, through Mongolia, and remained seventeen years in China, at the service of the great Khan (king) Kublai. The account of his explorations (1271–1295), *The Travels of Marco Polo,* is a detailed geographic encyclopedia about Asia. It was widely read in the 1400s.

5. The legend of Prester John, widespread during the 1400s, was believed to have been true. He was a Christian king who reigned over an extensive domain stretching from Babylon to the Tower of Babel. The kingdom of the Amazons was within its boundaries. Prester John was served by seven kings who were served by forty dukes, who in turn were served by many subordinates. The rivers in this kingdom were filled with gold and precious stones that had the power to cure blindness and other ills. The Prester's armies were in constant war against infidels and had never lost a war. His palace was made of alabaster and his dining table had chairs of solid gold. The legend linked him to the Magi kings. The Portuguese wanted to find the fabulous kingdom of Prester John to join forces with him in their wars against the Arabs.

6. The Garden of Eden appears in the Old Testament (Gen. 4:1–25) and also in the Koran. Its location has been disputed for centuries,

but many have placed it at the headwaters of the Tigris and Euphrates rivers. Columbus himself claimed to have known where the Garden of Eden was. During his third voyage he said that it was in the vicinity of the Gulf of Paria, on the eastern coast of Venezuela.

7. The fertile land between the Tigris and Euphrates rivers was called Mesopotamia, the cradle of civilization.

Preguntas

1. ¿Qué años comprende el siglo xv?

2. ¿Qué caracteriza esta época? ¿Qué se buscaba en aquel entonces?

3. ¿Por qué se buscaban rutas hacia el Oriente?

4. Mencione algunos productos del Oriente valorados en Europa.

5. Consulte un mapa y describa dónde están Indonesia y las islas Molucas.

6. ¿Quién era Marco Polo? ¿Cuál era su importancia?

7. ¿Quién era el Preste Juan? ¿Cuál era su importancia?

8. ¿Dónde se creía que estaba el paraíso terrenal?

9. ¿En qué fantasías marítimas se creía durante el siglo xv?

Capítulo 2

LA FORMA DE LA TIERRA EN LA IMAGINACIÓN EUROPEA

redonda round
zonas tórridas torrid zones
antiguos ancient

Aunque los europeos cultos sabían que la Tierra era redonda° y que las zonas tórridas° eran habitables,[1] la mayoría de los expertos se basaba en las opiniones de los antiguos° griegos y romanos, en especial Aristóteles, Séneca y Plinio.[2] Éstos habían determinado que la

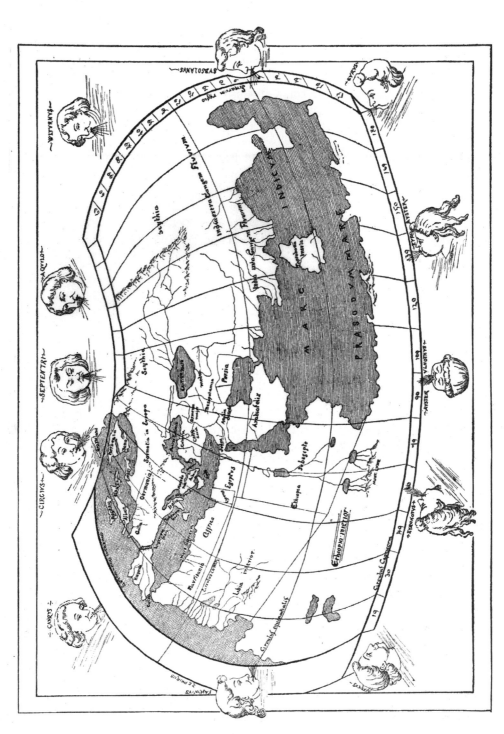

Un mapa de principios del siglo XV.

vasta enormous, vast

tierra era vasta° y que Europa estaba separada de Asia por un estrecho mar.

Renacimiento
 Renaissance
resurgió resurged
sostenía maintained
infranqueable impassable

Durante el Renacimiento°[3] resurgió° el interés en Tolomeo,[4] quien sostenía° que la superficie del globo estaba formada por partes iguales de agua y tierra, y que un infranqueable,° vasto océano se extendía desde Europa hasta el Oriente.

zarpaban set out to sea

Islandia Iceland

Cuando Cristóbal Colón era todavía un niño que jugaba en las calles de Génova,[5] los navegantes de su tiempo zarpaban° de Portugal,[6] con confianza, hacia las islas Azores,[7] a Islandia° y a las islas del Cabo Verde.[8] Colón mismo vivió durante nueve años (de 1476 a 1485) en Portugal entre marineros y exploradores. Algunos de esos viejos marineros y exploradores habrían asistido anteriormente a los famosos simposios sobre navegación y cartografía° del príncipe Enrique el Navegante (1394–1460) que tenían lugar en el cabo San Vicente[9] en las colinas de Sagres, cerca de Lisboa, Portugal.

cartografía cartography
 (mapmaking)

Notas

1. *Zonas tórridas* refer to latitudes near and including the equator. It was a common belief that humans could not live in these zones because of the great heat and humidity of the region.

2. Aristotle (384–322 B.C.) was a celebrated Greek philosopher; he explained his ideas in *Physics.* Seneca (4 B.C.?–A.D. 65) was a Spanish-born Roman Stoic philosopher; among his works is *Epistulae morales (Moral Letters).* Pliny (A.D. 23–79) was a Roman naturalist. He explained his ideas in *Historia Naturalis.*

3. Renaissance refers to the period of scientific, artistic, and literary renovation in Europe during the fifteenth, sixteenth, and seventeenth centuries. It is characterized by inventions such as the printing press, which facilitated the reading of the Greco-Roman geniuses of the classical past.

4. Ptolemy (Claudius) was a Greek astronomer born in Egypt (second century A.D.). He wrote *Geography,* which was considered a fundamental work during the Middle Ages. He placed the Earth at the center of the universe, as a fixed body. His theory was later refuted by Copernicus.

5. Genoa is a very important port city in the Gulf of Genoa in northwest Italy. During the Middle Ages it was a great center of com-

merce and industry, and the capital of the Republic of Genoa, which rivaled Venice.

6. The Portuguese were the first to explore the coasts of Africa under the auspices of Prince Henry the Navigator (1394–1460, son of John I of Portugal), Grand Commander of the Order of Christ. Henry gathered, in a monastery in the hills of Sagres (the farthest point west on the Portuguese coast), the best technological information about the sea, the most talented sailors and mapmakers, and the best instruments, in order to maintain supremacy on the sea during the Crusades against the Moors, and to ensure the discovery of new lands for Portugal. The Portuguese discovered what Columbus was seeking: the fabled Indies. Bartolomeu Dias broke away from coast hugging (*cabotaje*), and rounded the Cape of Good Hope. The Portuguese navigator Vasco da Gama sailed the Indian Ocean to Calcutta, India. Pedro Álvarez Cabral, another Portuguese navigator, found the Azores. Albuquerque conquered Goa in western India.

7. The Azores is an archipelago, territory of Portugal, and is located in the Atlantic Ocean, about 1,000 miles from Lisbon. There are nine islands, with a total area of 1,413 square miles.

8. The Cape Verde Islands are an archipelago lying 360 miles west from the westernmost point in continental Africa. It has ten islands and five small islets.

9. Cabo San Vicente is the most distant point west of continental Europe, located about 4½ miles from Sagres.

Preguntas

1. ¿Por qué razones sabían los europeos cultos que la Tierra era redonda?

2. Busque información sobre las zonas tórridas en la biblioteca y preséntela en la clase siguiente.

3. Busque información sobre Aristóteles, Séneca y Plinio en la biblioteca (mencione sus libros).

4. ¿A qué conclusiones llegó Tolomeo?

5. ¿Por qué razones tenían los portugueses el predominio en el mar?

6. Consulte una biografía de Colón e informe a la clase la razón de su estadía de nueve años en Portugal.

7. Lea todo lo que pueda sobre Enrique el Navegante e informe a la clase.

Capítulo 3

¿QUIÉN ERA CRISTÓBAL COLÓN?

primogénito first-born
tejedor weaver
fabricante de queso
  cheese maker
traficante de vinos wine
  merchant
ciudad-estado city-state

musulmanes Moslems
vías de acceso access
  routes
Ambas Both
riesgo risk
diarios...tempranos early
  maritime journals
temprana edad early age
desconocido unknown

cosmografía
  cosmography (study of the
  Earth and universe)
constancia proof
ingreso enrollment
ambiente environment
confianza confidence

indiscutible primacía
  unquestionable primacy,
  preeminence
entregas deliveries

Según los investigadores, Cristóbal Colón nació en Génova en el otoño del año 1451. Fue el primogénito° de Domenico Colón, de profesión tejedor,° fabricante de queso° y traficante de vinos.° Su madre fue Susanna Fontanarossa. Tuvo varios hermanos, Giovanni Pellegrino, Bartolomeo y Giacomo, y una hermana, Bianchinetta.

Génova era la ciudad-estado° más importante de Italia por su posición estratégica en el mar Mediterráneo. Navegantes por tradición, los genoveses buscaban nuevas rutas. A fines de la Edad Media los musulmanes° cerraron gradualmente las vías de acceso° a las riquezas del este, por lo cual los comerciantes genoveses se hicieron exploradores. Ambas° actividades tenían en común el riesgo.° Los diarios marítimos tempranos° de Colón muestran ya su vasto conocimiento del mar.

Desde temprana edad° Cristóbal Colón se interesó en lo desconocido,° especialmente en el Mar Océano.[1] En una carta al rey Fernando y a la reina Isabel, Colón indicó: "Entré a navegar en el mar de muy temprana edad, y continúo haciéndolo hasta hoy".[2]

Se sabe, por medio de su biógrafo Fernando Colón,[3] que Cristóbal estudió cosmografía° en Pavia,[4] aunque no hay constancia° de su ingreso° a esa universidad. Otros investigadores conjeturan que Colón tenía una educación práctica. En cualquier caso, es probable que Colón haya aprendido desde niño los primeros elementos del arte náutico, y siempre en el ambiente° de Génova y de Savona.[5] Allí debe de haber adquirido la confianza° en solucionar los problemas del mar y la navegación que eran típicos de la tradición de la República. Génova tenía una indiscutible primacía° no sólo en el Mediterráneo sino también en toda la cristiandad.

Se sabe que cuando Colón era aún adolescente hacía entregas° de textiles y de otras mercaderías que su padre comerciaba. Desde los escollos° de Liguria, el joven Colón miraba el mar, que fue siempre la pasión más importante de su vida.

escollos atolls, reefs

Por sus escritos se sabe que Colón conocía bien los puertos de Nápoles,[6] de Marsella y Hyeres.[7] Esto le habría permitido perfeccionar los conocimientos náuticos que más tarde lo llevarían a emprender° su misión.

emprender to undertake

La casa de Colón en Génova, Italia.

Notas

1. *Mar Océano* (the Ocean Sea) was the early name of the Atlantic Ocean.

2. Letter published by Bartolomé de las Casas in his reconstruction of *El libro de la primera navegación y descubrimiento*.

3. Fernando Colón was the second son of Columbus. The eldest was named Diego. Fernando wrote the biography of his father.

4. The University of Pavia was a famous center of knowledge during Columbus's time. It is located in the city of Pavia (Lombardia), Italy, on the shores of the Tesino River.

5. Savona was also a very important port on the gulf of Genoa, Liguria, Italy.

6. Naples is a port, south of Rome, on the slopes of Mount Vesuvius.

7. Marseilles and Hyères are French ports in the Mediterranean.

Preguntas

1. ¿Está documentado que Colón era genovés? Explique. Mencione a los miembros de su familia, su ocupación, su origen social, etc.

2. ¿Cómo era Génova y sus habitantes en tiempos de Colón?

3. ¿Cuál fue la causa del gran interés en la exploración marítima durante este período?

4. ¿Cómo eran las exploraciones de este período?

5. ¿Cómo sabemos que Colón se interesó en el mar desde una edad muy temprana?

6. ¿Qué otra conjetura se hace en esta sección?

7. ¿Cómo se sabe que Colón conocía varios puertos del Mediterráneo? ¿Cuáles eran los puertos principales?

Capítulo 4

HACIA ORIENTE POR EL PONIENTE°

poniente west

En 1479 Cristóbal Colón se casó con Felipa Moniz Perestrello, una noble portuguesa, cuyo padre era también italiano como Colón. Su nombre era Bartolomé Perestrello (de la familia Pallastrelli de Piacenza, Italia). Éste había sido, además de importante colonizador, un ilustre capitán de navío° y explorador del rey Juan II de Portugal; también fue gobernador de la isla Porto Santo, situada a poca distancia de la isla Madeira.[1] Gracias a este parentesco por matrimonio Colón tuvo acceso° a la corte portuguesa.

navío ship

tuvo acceso gained access

Se sabe que Colón y su esposa residieron en la isla Madeira. Él fue allí como encargado° de los negocios de las familias Centurione y Di Negro.[2] La pareja regresó en 1480 a Lisboa, donde nació su primogénito, Diego.

encargado man in charge

En Lisboa, Colón recibió de su suegra° los mapas y documentos que habían pertenecido a su finado° esposo, en los cuales se describían viajes por el Atlántico. Posiblemente entre ellos estaba el famoso mapa de Toscanelli.[3] Todos esos documentos fueron de gran valor para Colón porque probablemente le dieron la idea de la ruta al levante° por el poniente, o la confirmaron.

suegra mother-in-law
finado deceased

levante East, Orient

Se sabe también que Colón recogía° evidencia de lo que podría existir más allá del horizonte del oeste. Buscaba marineros e isleños° que pudieran contribuir a su caudal° de rumores, conjeturas y conocimientos concretos. Sabía y creía en la existencia de la isla mítica de Antilla[4] de los fenicios[5] y en las antípodas.° Es probable que Colón hubiera tenido noticias de la existencia de islas al oeste de las islas de Madeira y las Canarias.[6]

recogía gathered
isleños islanders
caudal wealth

antípodas antipodes (inhabitants of the Earth directly opposite each other)

Ciertamente había más indicios° de la existencia de otras tierras al oeste: se habían encontrado pedazos° de madera tallada° a más de 1,400 millas al oeste del cabo San Vicente. Colón informó que, en su viaje a la bahía de Galway, Irlanda, habían encontrado dos cuerpos de extraña apariencia° en una playa. En otra ocasión, Colón viajó 400 millas más allá de Thule,[7] donde observó enormes mareas.° Tal vez habría llegado hasta Islandia.

indicios indications
pedazos pieces
madera tallada carved wood

extraña apariencia strange looking
mareas tides

Notas

1. Madeira is a Portuguese island in the Atlantic.

2. The Centurione and the Di Negro families were very wealthy Genoese investors, countrymen of Columbus.

3. Pablo del Pozzo Toscanelli (1397–1482) was a famous physician, mathematician, and geographer. He was believed to have been the most famous geographer of his time. He lived in Florence, Italy. It is known that Columbus maintained correspondence with Toscanelli, and that Toscanelli sent Columbus a map of the world. It is also said that the mother-in-law of Columbus gave him a map that belonged to her deceased husband, dated June 25, 1474. This map was addressed to the King of Portugal. The rest of the documents that Columbus received described Marco Polo's trips and the trips of other adventurers. There were also instructions on how to reach India sailing west from Europe. It stated that first one would arrive at Antilles and then go to Japan. From there it would be a short distance to Asia and its treasures. Other documents stated that the Prince of Cathay, the Great Khan, had sent emissaries to the Pope requesting teachers of the Gospel.

4. Antilla: The term "Antilles" dates traditionally from before the time the Europeans discovered the New World, when Antilla and Brazil were used to refer to semi-mythical lands located somewhere west of Europe, across the Atlantic. The mythical Antilla had seven cities. Columbus must have known the legend of the Portuguese protopilot. In the legend, the protopilot was taken west by the sea currents and the winds, to an island where he found the ruins of a settlement founded by an archbishop and six bishops from Iberia.

5. The Phoenicians were great seafaring merchants, master shipbuilders, and skilled navigators. Their country (which now comprises Lebanon and parts of Syria and Israel) was so small that they were forced to make their living at sea. They founded many colonies, among them the city of Cadiz in Spain.

6. The Canary Islands are an archipelago about 70 miles from the coast of Morocco in Africa.

7. In classical times, the name of Thule was given to the northernmost land. It may have been Iceland.

Preguntas

1. ¿Cómo tuvo acceso Colón a la corte portuguesa?

2. ¿Qué importancia tenía Bartolomé Perestrello?

3. ¿Cuál fue el empleo de Colón en las islas Madeira?

4. ¿Dónde nació el primer hijo de Colón?

5. ¿Qué obtuvo Colón de su suegra?

6. ¿Qué idea dieron estos mapas a Colón?

7. ¿Qué evidencia buscaba Colón? Dé ejemplos.

8. Explique la leyenda del protopiloto portugués.

9. ¿Qué otros indicios encontró Colón de la existencia de tierras al oeste?

10. ¿Qué observó Colón en Thule?

11. ¿Adónde es posible que hubiera llegado Colón?

Capítulo 5

COLÓN EN PORTUGAL

La experiencia de Colón en largos viajes por el Atlántico lo capacitó° en muchos aspectos de la navegación. En especial sus viajes a África le enseñaron cómo preparar navíos para largas jornadas.° Tal vez lo más importante que descubrió Colón en sus largos viajes fue la existencia del gran sistema de vientos oceánicos.

Colón se había enterado° en las costas de Portugal y en Madeira que los vientos traían despojos flotantes° del oeste en las mareas. En sus viajes a las Canarias y a las islas del Cabo Verde sintió los vientos constantes del noreste. En esto, razonó° Colón, estaba el secreto para un viaje de ida y vuelta por el Atlántico. Habría que ir hacia el sur para

lo capacitó enabled him

jornadas expeditions

se había enterado had found out
despojos flotantes floating debris
razonó reasoned

auspiciara to sponsor
Cipango (Japón) Japan
pedimento petition
abastecimientos supplies
cascabeles small bells
cuentas beads
hojalata sheets of tin
bonetes rojos red bonnets
gratificación reward
**Caballero de Espuelas
  Doradas** Knight of the
  Golden Spurs
sucesores descendants
grado rank
Gobernador Perpetuo
  Perpetual Governor
dominios domains
requirió he required
comprobar to test
apoyar to back up, to
  support
empresa enterprise

mala gana ill will

consuelo solace

escogido chosen

fracaso failure

a su cuidado in her care

navegar al oeste con los vientos del este, y regresar por una latitud más alta con los vientos del oeste.

A principios de 1483 ó 1484 Colón pidió al rey Juan II de Portugal que le auspiciara° en un viaje de exploración por el Atlántico hacia el poniente, y le ofreció Cipango° e India. Colón hizo el siguiente pedimento° al rey don Juan II de Portugal: tres carabelas, abastecimientos° y personal para un año, cascabeles,° cuentas,° hojalata° y bonetes rojos° para los indígenas. Pidió, además, como gratificación° si tenía éxito en su jornada, el título de Caballero de Espuelas Doradas,° y el título de Don,[1] para él y sus sucesores.° Pidió también el grado° de Almirante Mayor del Mar Océano[2] y Virrey y Gobernador Perpetuo° de los nuevos dominios.° Para culminar, requirió° el diez por ciento del oro y de las rentas.

El rey y sus expertos le negaron ayuda porque, según ellos, las distancias eran mucho mayores de lo que Colón estimaba; sin embargo, Juan II mandó en secreto una nave hacia el oeste, para comprobar° la teoría de Colón. La nave regresó a Portugal sin haber hallado tierra.

El rey Juan II de Portugal tenía otras razones para no apoyar° a Colón en su empresa.° Los gastos de Portugal en las guerras de África contra los moros y los gastos incurridos en las exploraciones marítimas y los descubrimientos desde África hasta India eran muy altos.

La mala gana° de los marineros en navegar hacia el oeste del Mar Océano sin el consuelo° de ver tierra cada día era evidente. Juan II consideró que Colón pedía demasiado. Finalmente, según la creencia del rey, Dios había escogido° a los portugueses para la diseminación del cristianismo y la salvación.

Las entrevistas de Colón con el rey de Portugal se llevaron a cabo en el transcurso de catorce años. En esta época, después del fracaso° de sus proyectos presentados al rey de Portugal, y sobre todo por la muerte de su esposa, Colón salió de Portugal con su hijo, Diego. Se dirigió al puerto de Palos,[3] en Andalucía,[4] España. Su hermana vivía en Huelva, cerca de Palos, y le sería fácil dejar al niño Diego a su cuidado.°

Notas

1. *Don,* from the Latin *dominum* (*dueño*): "Master" was a form of address for the nobility. Today, *don* and *doña* before a name indicate respect.

2. *Almirante Mayor del Mar Océano* was the equivalent of today's Fleet Admiral. *Mar Océano* was the name for the Atlantic Ocean.

3. Puerto de Palos is located in the southwest of Spain, on the Tinto River, close to the Atlantic. Huelva is the nearest city. Palos is close to Portugal, and during the time of Columbus it was known for its fine craftsmen and shipbuilding. Today it is no longer a port. Over time, the moving water deposited very fine particles of sand and earth (known as silt) into the port, forcing it to be closed.

4. Andalusia is a region in the south of Spain. Many sailors and emigrants who traveled to America came from this region. Throughout post-colonial history, there has been immigration from Andalusia to the Spanish-speaking areas of the Caribbean. One of the standard dialects of modern Spanish is the Andalusian-Caribbean. (The other standard dialects are Castilian, Mexican and South American Highlands, and that of the Río de la Plata Basin.)

Preguntas

1. ¿Cómo se capacitó Colón en varios aspectos de la navegación?

2. ¿Qué fue lo más importante que descubrió Colón?

3. ¿Qué es lo más importante del sistema de vientos?

4. ¿Cuál fue el pedimento de Colón al rey Juan II de Portugal? (Escriba un corto ensayo.) ¿Cree que Colón fue vanidoso? Explique.

5. ¿Por qué otras razones no apoyó el rey Juan II a Colón?

6. ¿Cuáles eran los objetivos de Portugal en África?

7. ¿Por qué salió Colón de Portugal? ¿Adónde fue? ¿Por qué razón?

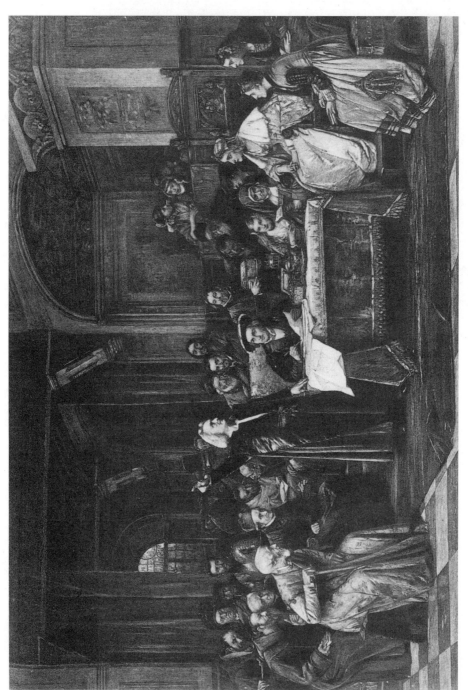

La reina Isabel y los letrados escuchan atentamente mientras Colón expone sus ideas.

Capítulo 6

COLÓN EN ESPAÑA

En Palos, Colón fue a hospedarse° al monasterio franciscano° de Santa María de la Rábida, que daba asilo a viajeros. El monasterio está situado en una loma° que domina° los estuarios° de los ríos Tinto y Odiel.[1] Colón entabló° estrecha amistad° con el guardián del monasterio, fray Antonio de Marchena. El padre Marchena, un clérigo° educado y muy aficionado a la cosmografía, pronto se convirtió° en director espiritual de Colón.

También vivía en el monasterio el padre Juan Pérez, ex-confesor de la reina Isabel la Católica. El padre Juan Pérez presentó a Colón a su amigo fray Hernando de Talavera, quien era el nuevo confesor[2] de la reina Isabel. Éste le consiguió a Colón una audiencia° con la Reina y con el rey Fernando el Católico.[3]

La Guerra de la Reconquista[4] llegaba a su fin y la preocupación de los Reyes Católicos se centraba en la unificación de la Península Ibérica en un solo reino. Colón esperó pacientemente durante siete años, sin disminuir° en su entusiasmo y siempre refinando sus presentaciones y su lógica. Los letrados° estaban en desacuerdo en cuanto a las presentaciones de Colón. Finalmente, en 1487, le fue negado° el auspicio a Colón, como le había sucedido en Portugal.

En esta época Colón conoció a Beatriz Enríquez de Arana, con quien tuvo un hijo en agosto de 1488. Lo llamó Fernando. Aunque le pesó en su conciencia, Colón nunca se casó con Beatriz porque consideraba que el matrimonio con una mujer común° habría sido un impedimento social que afectaría el progreso de sus planes.

Colón se ganaba el sustento° vendiendo libros en Sevilla. Más de 100 imprentas° europeas comenzaban por entonces a imprimir° toda clase de libros. Colón se hizo de° una pequeña biblioteca personal.

hospedarse to lodge, to stay
franciscano Franciscan (order of Catholic priests)
loma hill
domina overlooks
estuarios estuaries, wetlands
entabló established
estrecha amistad close friendship
clérigo clergyman
se convirtió became
audiencia hearing, audience

disminuir to diminish
letrados men of letters, educated men
negado denied

común common

ganaba el sustento made a living
imprentas printing presses
imprimir to print
se hizo de acquired

Notas

1. The Tinto and Odiel rivers meet 3½ miles south of the port of Huelva. Huelva is on the Odiel; Palos is on the Tinto. These small ports are about 60 miles west of Seville.

2. The "Father Confessor," according to the Catholic faith, personally hears the sins (infractions against the Ten Commandments) from parishioners, forgives the repentant, in the name of Christ, and gives a penance. Confessors also counsel parishioners on how

to live a better life. A confessor would exert considerable influence on a queen.

3. Fernando the Catholic was king of Aragon, and Isabel was Queen of Castille. Their marriage unified the kingdoms, and thus modern Spain was formed. Many very important events happened during their reign, especially in 1492, when Columbus sailed to America and the Moors were defeated in Granada, ending eight centuries of their occupation of Spain.

4. The Moors, Islamic peoples from North Africa, invaded the Iberian Peninsula through Gibraltar in the year 711. They had many objectives. They sought to spread the Islamic religion in Europe. They also wanted more lands and power. The Moors were technologically very advanced for that period. They excelled in science, the art of warfare, agriculture, chemistry, architecture, astronomy, and mathematics. In one year, 711, they conquered the whole Iberian Peninsula and rode into southern France. The long period of wars of the Spanish Christians against the Moors were known as the Wars of Reconquest. This period ended in 1492, with the fall of Granada. Columbus was present at the ceremony.

Preguntas

1. ¿Por qué se hospedó Colón en el monasterio de Santa María de la Rábida?

2. ¿Dónde está situado el monasterio?

3. ¿Quiénes fueron los religiosos Antonio de Marchena y Juan Pérez?

4. ¿Qué convicción tenía Colón?

5. ¿Cómo ayudó Marchena a Colón? ¿Consiguió Marchena ayuda para Colón?

6. ¿Qué preocupaba a los Reyes Católicos en este tiempo?

7. ¿Cómo esperó Colón la respuesta de los Reyes Católicos? ¿Qué hacía mientras tanto?

8. ¿Cuál fue el resultado de la opinión de los letrados españoles?

9. ¿Qué resultado tuvo la unión ilegítima de Colón con Beatriz Enríquez? ¿Le parece irónico que Colón nombrara Fernando a su hijo natural? Explique.

10. ¿Por qué no se casó con Beatriz el ambicioso Colón? ¿Estaba satisfecho con esta decisión?

11. ¿Cómo y dónde se ganaba la vida Colón en este tiempo?

12. ¿Por qué era buen negocio vender libros en esta época?

Capítulo 7

COLÓN RECIBE EL APOYO° DE LOS REYES CATÓLICOS

apoyo sponsorship, support

En 1488 Colón regresó a Portugal y trató nuevamente° de conseguir el apoyo del rey Juan II. Su mala suerte fue grande porque arribó° durante la celebración de la llegada de las dos carabelas de Bartolomeu Dias,[1] quien acababa de descubrir el cabo de Buena Esperanza.° Este descubrimiento abría una nueva ruta hacia el este y las Indias.

nuevamente once again
arribó arrived

cabo de Buena Esperanza Cape of Good Hope

Para Colón ahora era más urgente hacer su exploración. Mandó, entonces, a su hermano Bartolomé a Inglaterra a ofrecer este proyecto al rey Enrique VII, quien le negó ayuda. También pensó en pedir apoyo al rey de Francia. Colón ya había fracasado en 1479 en su intento de lograr el auspicio de sus compatriotas de Génova. Para entonces los genoveses se interesaban ya en asuntos más pragmáticos como las finanzas.

Afortunadamente para España, en 1492 el último rey moro, Boabdil,[2] se rindió y entregó las llaves° de Granada a los reyes don Fernando y doña Isabel. Colón estaba presente ese día, el 2 de enero de 1492. La guerra había terminado y ahora España podía dirigir los esfuerzos del reino hacia el exterior.

entregó las llaves turned over the keys

Colón aprovechó la oportunidad y nuevamente presentó su plan, que fue finalmente aprobado por los Reyes Católicos. El 17 de abril de 1492 se firmó el contrato de Colón con Castilla, donde se le adjudicaba° el título perpetuo de Virrey de las nuevas tierras que se descubrieran, y Almirante del Mar Océano[3] y se le daba el diez por ciento de los tesoros que adquiriera.° Ordenaron los Reyes que se registraran

adjudicaba bestowed, granted

adquiriera would acquire

privilegio grace

pergamino parchment

sello de plomo lead royal
  seal

pendiente hanging

cuerda de seda silk cord

ciudad santa de Jerusalén
  Holy City of Jerusalem

los documentos. Le dieron privilegio° y le hicieron noble; todo escrito en pergamino,° con el sello de plomo° de los Reyes, pendiente° de cuerda de seda° de colores, en Granada, el 30 de abril de 1492.

Colón nunca olvidó el espíritu de Cruzada[4] de su empresa. Su intención era que las futuras ganancias se dedicaran a recobrar la ciudad santa de Jerusalén,° que estaba en manos de los musulmanes.

Notas

1. Bartolomeu Dias (1466–1500) was a Portuguese navigator who in 1486 discovered the Cape of Good Hope in Africa.

2. Boabdil was the last Moorish Chieftain in Spain. He gave the keys of Granada to the Prince, Heir to the throne of Spain.

3. *Almirante del Mar Océano* (Admiral of the Ocean Sea) was the official title given to Columbus.

4. *Espíritu de Cruzada* (spirit of the Christian Crusade) revolved around military conquest and conversion to Christianity.

Preguntas

1. ¿Qué desafortunado incidente le sucedió a Colón en 1488?

2. ¿Por qué necesitaba Colón emprender su jornada urgentemente?

3. ¿Cómo trata Colón de asegurarse que haría una exploración del Mar Océano?

4. ¿Qué factor principal determina la decisión de España de apoyar a Colón?

5. ¿Estuvo Colón presente durante las ceremonias de entrega de las llaves de Granada a los Reyes Católicos?

6. ¿Qué otorgan los reyes Fernando e Isabel a Colón?

7. ¿Qué sentía Colón sobre su religión?

Capítulo 8

PREPARATIVOS° PARA EL VIAJE

Preparativos Preparations

Colón partió° de Granada para Palos el 12 de mayo de 1492. La selección por Colón de este puerto como inicial de embarque ha dado lugar a muchas especulaciones. Se sabe con certeza° que sus amigos personales, fray Antonio de Marchena y el padre Juan Pérez estaban allí, en el Monasterio de la Rábida. Se sabe también que el puerto de Palos pertenecía° a tres personas: el Duque de Medina Sidonia, los hermanos Silva y el Conde de Miranda. El 24 de junio de 1492, o sea al día siguiente de la llegada de Colón a Palos para organizar su flota,° Fernando e Isabel compraron la mitad de Palos perteneciente a los hermanos Silva por dieciséis millones cuatrocientos mil maravedís.°[1] Se asume que los Reyes Católicos prefirieron que la expedición partiera desde sus propiedades.

Se armaron° dos navíos pequeños, la *Pinta* y la *Niña*, y uno mayor, la *Santa María.*[2] Colón hizo preparar las tres carabelas y escogió su tripulación.° Martín Alonso Pinzón y su hermano Vicente Yáñez Pinzón[3] serían los capitanes de la *Pinta* y la *Niña,* respectivamente. Colón, el Almirante, iría en la *Santa María* y tendría su propio piloto. Se prepararon abastecimientos para un año. La tripulación era de 90 hombres en total.[4] Formaba parte de la tripulación el Alguacil Mayor° de la Armada, Diego de Arana.[5] Luis de Torres era el intérprete oficial porque hablaba hebreo,° caldeo° y árabe. Pedro Sánchez de Segovia (enviado oficialmente por los Reyes) pesaría el oro que se encontrara y separaría la parte de Fernando e Isabel.[6] Rodrigo de Escobedo era el secretario de la expedición. También viajaban los siguientes: Francisco y Diego Pinzón (hermanos de los capitanes), Juan de la Cosa (dueño de la *Santa María*), Gómez Rascón y Cristóbal Quintero (dueños de la *Pinta*) y Pedro Alonso y Juan Niño (dueños de la *Niña*).

Propósito del Diario de Colón

Aunque no era requisito° legal para los capitanes de barco mantener diarios sino hasta 1575, Colón mantuvo el suyo como evidencia para los Reyes. También se puede conjeturar que Colón presintió° la importancia que tendría su diario si lograba su propósito.°

Al regresar a España en 1493, Cristóbal Colón entregó° su diario a la reina Isabel, quien mandó hacer una copia del mismo para Colón. La copia estuvo lista° antes de su segundo viaje, en 1493. El original ha desaparecido desde la muerte de la reina Isabel.

Preparativos Preparations

partió departed

certeza certainty

pertenecía belonged

flota fleet

maravedís silver coins

Se armaron Were made ready

tripulación crew

Alguacil Mayor Chief Constable

hebreo Hebrew
caldeo Chaldean (the language of Chaldea, an ancient region of southwest Asia)

requisito requirement

presintió foretold
propósito purpose
entregó delivered, turned in

lista ready

Colón murió en 1506 y la copia pasó a su primogénito, Diego. En 1526 el diario pasó a manos del hijo de Diego, don Luis Colón. El hecho es° que tanto el original como la copia del diario desaparecieron.

En 1527 fray Bartolomé de las Casas comenzó a escribir su gran obra, *Historia de las Indias.* En ella se ocupó del diario de Colón. Ésta es la fuente del diario. Es evidente que Las Casas consultó la copia del diario. Los críticos aseguran° que Las Casas copió exactamente partes del diario e hizo síntesis° del resto. Es importante notar que esta información procede de una fuente secundaria.°

el hecho es   the fact is

aseguran   assured

hizo síntesis   summarized

fuente secundaria   second-hand source

Notas

1. *maravedí:* a silver coin worth ⅓ of the *real de plata.*

2. There are many studies that show how different methodologies are used to reconstruct the length and displacement of the three caravels. Here is one estimate: *Santa María:* 202 tons; 70 feet long; 42 men on board. *La Niña:* 50 tons; 65 feet long; 26 men on board. *La Pinta:* 50 tons; 67 feet long; 22 men on board. The *Santa María* was a "round ship," heavy and slow. The *Niña* and the *Pinta* were swift sailing ships.

3. The Pinzón brothers, master captains, were rich nobles who wielded great influence in Palos.

4. It is a widespread myth that the crew of the expedition was made up of prisoners. The names of 87 of the 90 men that sailed with Columbus are documented. Of the 87, all were Spaniards, except for a boy from Genoa, another from Portugal, two Italian sailors, and the Admiral himself, from Genoa. Of the Spaniards, ten were from the province of Murcia, ten were from northern Spain, and the rest were from the region of Andalusia. Only four convicts signed up for the expedition. There were no priests on the voyage. Priests travelled abroad only after lands had been discovered.

5. Diego de Arana was a cousin of Beatriz, Columbus's mistress. He was in charge of all fresh water supplies.

6. Pedro Sánchez's loyalty was toward Fernando and Isabel. He was sent by them to assure that everything be done fairly.

Preguntas

1. Mencione razones por las cuales Colón fue al puerto de Palos.

2. ¿Por qué razón seleccionó Colón a los hermanos Pinzón como pilotos de las dos naves más pequeñas?

3. ¿Para cuánto tiempo se abastecieron los navíos? ¿Cuántos eran en total los tripulantes?

4. Explique el mito acerca de los primeros exploradores de América. ¿De dónde era la tripulación de Colón?

5. ¿Quiénes se embarcaron con Colón en su primer viaje? ¿Cuál era la importancia de cada uno?

6. ¿Cómo se distribuyeron las capitanías?

7. ¿En qué fecha y a qué rumbo salieron los exploradores?

8. ¿Por qué razones redactó Colón un diario?

9. Describa en un párrafo lo que pasó con el diario de Colón.

10. ¿Cómo se ha reconstruido el diario de Colón?

Capítulo 9

CÓMO ERA CRISTÓBAL COLÓN

En los cinco siglos transcurridos *that have passed* desde la muerte de Colón han aparecido muchas pinturas y retratos° suyos. Las descripciones de quienes lo conocieron personalmente —entre ellos su hijo Fernando, su biógrafo— coinciden en que Cristóbal Colón era alto y atlético y tenía los músculos de los brazos y piernas muy desarrollados° debido a su trabajo en barcos. Era de complexión robusta, tenía la cara larga. Sus ojos eran azules y muy vivos,° y su cabello tendía a rojizo.° Sus pómulos eran altos,° su nariz aguileña.° Se dice también que a los treinta y cuatro años de edad su cabello se tornó totalmente cano.°

pinturas y retratos paintings and renderings
desarrollados bulging, developed
muy vivos very bright
rojizo reddish
pómulos...altos cheekbones were high
nariz aguileña nose was aquiline (shaped like a hook)
cano gray

las letras - arts

carácter temperament
inquebrantable
    unyielding
razonable reasonable
precavido cautious
sagaz sagacious, astute
presuntuoso vain,
    arrogant
gentil gentlemanly, fine
    fellow
poseía possessed
tenacidad tenacity,
    perseverance
orgullo pride
coraje courage
valentía bravery
ojo vigilante sharp eye
chispa...decires wit
    (spark) in his sayings
lealtad loyalty
sentido marino a sense
    for the sea
fe inquebrantable firm
    faith
desmedido
    disproportionate
voluntarioso willful
testarudo stubborn
ganancias earnings
se codeó rubbed elbows
florentinos from
    Florence, Italy
judíos Jewish
fuerza strength
ganado el aprecio earned
    the respect, appreciation
corte de España the
    Spanish Court (the circle
    of nobility and power)
oído hearing
olfato smell
centenares hundreds

Su carácter° se dice que fue firme e inquebrantable° en sus intenciones y decisiones. Era muy razonable,° precavido,° sagaz° e inteligente; no era presuntuoso.° Sabía mucho de letras. Era un cosmógrafo (geógrafo) excepcional. Era muy gentil° cuando quería, pero también tenía un temperamento explosivo. Sus contemporáneos coincidían en que Colón poseía° gran tenacidad,° un orgullo° extremo, coraje,° valentía,° un ojo vigilante° y mucha chispa en sus decires.° Colón pertenecía a la clase media y tenía todas las cualidades del que nace para mandar. Era un hombre carismático que inspiraba lealtad° y firme dedicación.

Cristóbal Colón no sólo tuvo un sentido marino,° tuvo una fe inquebrantable° y un desmedido° deseo de gloria, un carácter voluntarioso° y firme, casi testarudo° (que, se dice, es típico de la gente de Liguria). Tuvo valor, paciencia, memoria e imaginación.

Colón renunció a su familia, a sus ganancias,° a sus sueños, al mar durante muchos años, en lo mejor de su vida, entre los 34 y los 42 años de edad. Casi se codeó° con el rey de Portugal, con los soberanos españoles, con los financieros genoveses, florentinos° y judíos.° Sabía su propio valor y la fuerza° de sus ideas. Si hubiera sido presumido, no se habría ganado el aprecio° de fray Antonio de Marchena ni del padre Juan Pérez ni de tantos amigos y protectores en la corte de España.° Sobre todo, no habría obtenido la protección y confianza de esa mujer extraordinariamente inteligente y virtuosa, la reina Isabel. Tampoco lo habría seguido el capitán Alonso Pinzón, quien era una figura influyente del puerto de Palos.

Los sentidos de la vista, del oído° y, sobre todo, del olfato° de Colón eran extraordinarios. Se decía que podía distinguir centenares° de perfumes. Y se ha dicho también que todas estas facultades contribuían a una facultad innata, a su sentido del mar.

vain

Neither

Preguntas

1. ¿Cómo describían a Colón quienes lo conocieron?

2. ¿Qué se dice sobre su carácter?

3. ¿Qué características de marino tenía Colón?

4. ¿De quiénes se ganó el aprecio Colón?

Capítulo 10

EL VALOR DEL MARINERO CRISTÓBAL COLÓN

Es indudable que Colón no sólo descubrió América, sino que descubrió las rutas de ida y vuelta entre Europa y el golfo de México. Hasta el fin de la edad de la navegación a vela,° los veleros° que partían de los puertos de España, Portugal, Francia e Italia rumbo a México, o al delta del Misisipi, o a cualquier isla del Caribe, o a Colombia, o a Venezuela, siguieron° la ruta del primer viaje de descubrimiento. Al regreso navegaban por el norte del mar de los Sargazos,[1] en el paralelo de las Azores. Asimismo Colón descubrió los vientos alisios°[2] y la declinación magnética occidental[3] e intuyó la existencia de la corriente del Golfo.[4] También se enfrentó° valerosamente a los peligros del mar de los Sargazos.

Como gran geógrafo que era, al llegar al Nuevo Mundo Colón observó atentamente el aspecto de las tierras y de las plantas, los hábitos de los animales, la distribución del calor, las variaciones del magnetismo terrestre. A pesar de su falta de conocimientos de historia natural, el instinto de observación se le desarrolló° considerablemente por el contacto con grandes fenómenos físicos. Fue un autodidacta° que logró,° gracias a sus largas jornadas marítimas, una gran sensibilidad hacia la geografía y una gran comprensión de sus múltiples problemas.

Cristóbal Colón fue el iniciador, en la época moderna, de la navegación en mar abierto:° fue el primero que con consciente determinación se atrevió a alejarse° por un largo período de la vista de la costa.[5] Colón superó° en el arte de la navegación a todos sus contemporáneos. Se ha dicho° que, junto al capitán Cook,[6] el almirante Colón es el más grande marino de todas las épocas.

Colón no fue simplemente un viajero afortunado° que realiza descubrimientos por casualidad:° fue descubridor° porque fue inventor, inventor verdadero y genuino, de una nueva idea y de una nueva perspectiva.

Dos inspiraciones guiaban a Colón: la fe y la voluntad.° Sin ellas no hubiera llegado a ser° uno de los colosos° de la historia humana. A Colón nunca le abandonó la certeza de ser instrumento de la Divina Providencia.

---

vela sail
veleros sailing ships

siguieron followed

vientos alisios trade winds
se enfrentó confronted

desarrolló developed
autodidacta self-taught person
logró achieved

mar abierto open sea
alejarse to go far
superó surpassed
Se ha dicho It has been said

viajero afortunado fortunate sailor
por casualidad by chance
descubridor discoverer

voluntad willpower
llegado a ser would have gotten to be
colosos colossus, exceptionally outstanding person

Notas

1. *Mar de los Sargazos:* The Sargasso Sea is a large, relatively still area of the Atlantic (20–35N and 30–70W) covered with sargasso seaweed. The sea stretches from midpoint between Africa and America to the Gulf Stream, close to Florida. This sea appeared in maps as early as 1436, and was probably known to Columbus.

2. *Vientos alisios:* Trade winds blow constantly from the high pressure subtropical regions to the low pressure equatorial regions over one-third of the globe.

3. *Declinación magnética occidental:* This is the difference between magnetic north and geographical north. Columbus was the first to notice that the ship's magnetic compass deviated from the directions given by the North Star; this is known as "magnetic deviation." Columbus was also guided by the North Star, which makes a small circle around the North Pole every night.

4. *Corriente del Golfo:* Gulf Stream. This clear warm-water sea current (a river of clear water within the sea) originates in the Gulf of Mexico and travels through the Florida Strait north, close to the coast of North America into the North Atlantic.

5. "Coast hugging" (*cabotaje*) was the term used for navigation maintaining sight of land. The Portuguese were the first to sail away from the sight of land and far into the oceans regularly.

6. James Cook (1728–1779) was a famous English navigator who explored the southern seas. He made three different expeditions.

Preguntas

1. ¿Cómo se navegaba entre Europa y el golfo de México hasta el fin del período de la navegación a vela?

2. ¿Qué otros descubrimientos hizo Colón?

3. ¿Qué observó Colón al llegar al Nuevo Mundo?

4. ¿De qué fue Colón el iniciador?

5. ¿Quiénes son los más grandes marinos de todas las épocas?

6. ¿Por qué no fue Colón un viajero afortunado sino un descubridor?

7. ¿Qué inspiraciones guiaron a Colón?

Segunda Parte

DIARIO DE COLÓN

El *libro de la primera navegación y descubrimiento,* conocido como Diario de Colón, ha sido narrado y comentado por fray Bartolomé de las Casas, quien leyó el original que el Almirante entregó a la reina Isabel. El diario aparece en la monumental obra de Las Casas, *Historia de las Indias.* En esta obra abundan las citas literales que Las Casas hace de lo que escribió en su diario el Almirante del Mar Océano. *El libro de la primera navegación y descubrimiento* y su copia están perdidos en algún palacio, biblioteca o monasterio de España. Ésta es una reproducción simplificada del diario publicado por Las Casas.

Prólogo

En el nombre de Nuestro Señor Jesucristo.[1] Excelentísimos y cristianísimos príncipes, Rey y Reina de las Españas y de las islas del mar:

Sus Altezas° han ganado ya la guerra contra los moros[2] en Granada e izado sus banderas° en la Alhambra[3] a 2 días del mes de enero de 1492. Yo soy Cristóbal Colón, el que les había dado, hace algún tiempo, información a Sus Altezas sobre las tierras de Indias y sobre el Gran Kan o Príncipe de Príncipes.[4]

Ustedes decidieron enviarme a mí a las Indias a ver todas sus posibilidades y me mandaron con embajadas° para sus príncipes y para su

Altezas Highnesses
izado sus banderas raised your flags

embajadas official correspondence

Santa Fe Holy Faith

a ciencia cierta with certainty
ha pasado has made the crossing
Así mismo in the same manner
navegara sail
armada suficiente with enough power
dichas aforementioned
mercedes favors
tierra firme continents
generaciones descendants
para siempre jamás forever and ever
abastecidas supplied
tomar el rumbo to head (toward)
embajadas cargo
objeto purpose
puntualmente accurately
olvidar el sueño to forego, give up sleeping

posible conversión a nuestra Santa Fe.° También me ordenaron ustedes que yo fuera hacia el oeste por el Mar Océano, por donde no sabemos, a ciencia cierta,° si alguien ha pasado.°

Así mismo,° Sus Altezas me mandaron a que yo navegara,° con armada suficiente,° hacia dichas° tierras de las Indias. Para esto ustedes me hicieron grandes mercedes.° Me dieron el título de Don, me hicieron Almirante Mayor del Mar Océano y virrey y gobernador perpetuo de todas las islas y tierra firme° que yo descubriera. Mis títulos debían continuar en mis generaciones° de primogénitos para siempre jamás.°

Yo fui al puerto de Palos donde armé tres carabelas muy adecuadas para el viaje. Partí desde ese puerto el día 3 de agosto de 1492, con mis carabelas muy bien abastecidas° y con mucha gente de mar competente. Mi primer destino era las islas Canarias, para allí tomar el rumbo° hacia las Indias y entregar las embajadas° que ustedes me mandaron a los príncipes de esas tierras.

Para este objeto° decidí escribir[5] lo que yo viera y lo que pasara, muy puntualmente.° Tengo también el propósito de hacer mapas de navegación con referencias de latitud y longitud y sus vientos. Para esto tengo que olvidar el sueño,° porque para navegar, así será necesario.

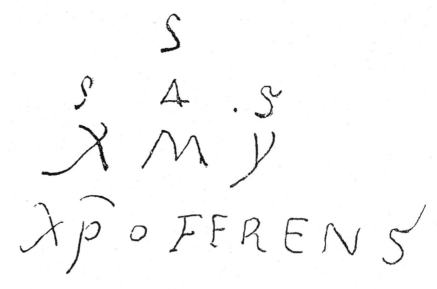

*La firma de Colón; por encima de las letras griegas y latinas
que deletrean "Cristófero" (Christoferens), hay una pirámide de letras
que nadie ha podido descifrar.*

Notas

1. *En el nombre... Jesucristo:* This invocation was used customarily in reports and books during the time of Columbus. This custom, in a way, persisted in Catholic schools into modern times. Children were expected to write JMJ (Jesús, María, José) in the margin of all their written work.

2. The *Reconquista* (War of Reconquest) of Spain from the Moors from north Africa lasted eight centuries and ended officially in Granada on January 2, 1492.

3. The Alhambra was the main palace of the Moorish kings in Granada. Construction of the building began in the thirteenth century. The interior is dazzling and the patios are outstanding. The Alhambra is today one of Spain's feature tourist attractions.

4. The *Gran Kan* was probably Kublai Khan (1215–1294). He was the grandson of Genghis Khan and the first Mongol emperor of China. Marco Polo's *Travels* made the Khans well known in Europe. Columbus had an edition of his *Travels*. The Mongol emperors were regarded as potential allies against Islam. Contacts between the Pope and China were maintained until the thirteenth century. Columbus's efforts to contact the *Gran Kan* were 120 years too late.

5. Here, Columbus is stating the purpose of the journal. Until November 22, 1575, the captain of a Spanish ship was not required to keep a daily log by the sea laws of Spain.

Preguntas

1. ¿Cuál es el objeto del primer párrafo?

2. ¿Cuál parece ser la primera intención de los monarcas, según el segundo párrafo?

3. ¿Qué tono tiene la carta de Colón a los Reyes?

4. Según Colón, ¿cuál es el propósito de su diario?

5. ¿Qué quiere decir Colón al afirmar "...para esto tengo que olvidar el sueño"?

Capítulo 2

COLÓN SE HACE A LA MAR CON TRES CARABELAS

Viernes, 3 de agosto de 1492

sunset —

Partimos a las ocho de la mañana y navegamos con un fuerte viento hasta la puesta del sol. Navegamos 60 millas,[1] que son 15 leguas,[2] hacia el sur y después al suroeste rumbo a las islas Canarias.

Sábado, 4 de agosto

Se siguió rumbo suroeste y sur.

Domingo, 5 de agosto

Recorrieron durante el día y la noche más de 40 leguas.

Lunes, 6 de agosto

timón rudder
mando command
sospechó suspected
daño damage
maquinaciones scheming
dueños owners
tramado plotted
turbación upset

Se averió el timón° de la *Pinta,* que iba al mando° de Martín Alonso Pinzón. Se sospechó° que el daño° fue por maquinaciones° de un Gómez Rascón y de Cristóbal Quintero, quienes eran los dueños° de la carabela. Se creía que ellos lo habían tramado° porque no querían hacer este viaje.[3] Esto causó al Almirante gran turbación;° sin embargo, navegaron día y noche 29 leguas.

nevertheless
however

Martes, 7 de agosto

Se averió nuevamente el timón de la *Pinta.* Lo repararon y siguieron hacia la isla de Lanzarote, en las Canarias. Navegaron día y noche unas 25 leguas.

Miércoles, 8 de agosto

acertado correct

hacía agua sprung a leak
alquilar to rent

Los tres pilotos estuvieron en desacuerdo sobre su posición en el mar. Colón estuvo más acertado° en sus cálculos. Colón quería ir a la isla de Gran Canaria para dejar a la *Pinta* allí, porque el timón no estaba bien reparado y la carabela hacía agua.° Colón quería alquilar° otra carabela si la encontraba. No encontraron ninguna ese día.

Jueves, 9 de agosto

se quedó remained

El Almirante pudo llegar a la isla Gomera hasta el domingo por la noche. Martín Alonso se quedó° en la costa de la Gran Canaria porque no podía navegar sin el timón. Después llegó el Almirante a la Gran Canaria y repararon esta vez muy bien el timón de la *Pinta.* Vieron una erupción del pico de Teide en la isla de Tenerife.[4] Regresaron a la

Colón se despide de los monarcas españoles antes de partir del puerto de Palos el día 3 de agosto de 1492.

*El patio interior de la casa donde se quedó Colón en la ciudad
de Las Palmas de Gran Canaria.*

Gomera el domingo dos de septiembre con la *Pinta* bien reparada. Tomaron en la Gomera luego agua, leña,° carne y el resto de los abastecimientos para el viaje al poniente, y finalmente se hicieron a la vela° las tres carabelas el 6 de septiembre.

leña   firewood

hicieron a la vela   set sail

Notas

1. A nautical mile equals 1.145 land miles (approximately 1.83 km). 60 nautical miles equal 68.7 land miles.

2. The league was equivalent to 4 sea miles or 4.58 land miles. Columbus used a mile that was about ⅚ the length of a Roman mile. This discrepancy explains the over-calculations of the distances he traveled at sea. The Roman mile was 4,850 feet; the modern nautical mile is 6,080 feet; Columbus's mile was 4,041.6 feet.

3. It is unlikely that Gómez Rascón and Cristóbal Quintero, the owners of the *Pinta,* sabotaged the rudder. It is more likely that Columbus was stressed after so many years of waiting for the opportunity of his life and he wanted nothing to go wrong.

4. The volcano Pico de Teide, on the island of Tenerife, is 12,198 feet high and had erupted during this time.

Preguntas

1. ¿Cuántas millas (*in land miles*) navegó Colón entre el 3 y el 5 de agosto?

2. ¿Qué daño ocurrió en la *Pinta*?

3. ¿Qué sospechó inmediatamente Colón? ¿Por qué?

4. ¿Quién nos da esta opinión?

5. ¿Para qué quería ir Colón a la Gran Canaria?

6. ¿Quería en realidad Colón reparar la *Pinta*?

7. ¿Qué vieron al salir de la Gran Canaria?

8. ¿Qué hicieron en la isla Gomera?

Capítulo 3

UNA CARABELA DEL REY DE PORTUGAL VENÍA A TOMARLO PRISIONERO

Jueves, 6 de septiembre

Partieron Departed
se enteró found out

envidia envy

Partieron° las tres carabelas del puerto de la Gomera. Se enteró° el Almirante que una carabela del rey de Portugal venía de la isla del Hierro[1] a tomarlo prisionero. Esta carabela era una de tres que el rey de Portugal había mandado, porque el rey tenía envidia° de que Colón estuviera ahora bajo el auspicio de los reyes castellanos.[2]

Viernes, 7 de septiembre

madrugada very early morning

Todo estuvo en calma el viernes y el sábado hasta las tres de la madrugada° del domingo.

Sábado, 8 de septiembre

enrumbó set course
mar bravo rough seas
proa bow of a ship

A las tres de la mañana comenzó a soplar el viento desde el nordeste. El Almirante enrumbó° su nave hacia el oeste. Tuvo mar bravo° en su proa° y sólo pudo navegar nueve leguas en un día y una noche.

Domingo, 9 de septiembre

se espantaran become frightened

desviándose going off course
riñó reprimanded

Navegaron ese día 15 leguas y decidió el Almirante hacer un segundo diario para los marineros en el cual contaría menos leguas para que ellos no se espantaran.°[3] En la noche navegaron 120 millas, o sea a 10 millas por hora, para un total de 30 leguas. Los marineros guiaron mal las naves, desviándose° un cuarto hacia el noreste y hasta medio hacia el nordeste. El Almirante les riñó° muchas veces.

Lunes, 10 de septiembre

Navegaron día y noche un total de 60 leguas, a 10 millas por hora, o sea a dos leguas y media. El Almirante anotó en su segundo diario solamente 48 leguas para que la gente no se inquietara por estar muy lejos de tierra.

Martes, 11 de septiembre

había zozobrado had sunk

Ese día navegaron más de 20 leguas hacia el oeste. Vieron un gran trozo de mástil de una nave que había zozobrado° y calcularon que era de 120 toneladas.[4] Por la noche navegaron cerca de 20 leguas. El Almirante sólo anotó 16 en su segundo diario, por la causa dicha.

Miércoles, 12 de septiembre

Navegaron 33 leguas hacia el oeste. El Almirante contó menos en su segundo diario, por lo ya dicho.

Notas

1. Isla del Hierro is the smallest of the Canary Islands.

2. Evidently, Columbus believed that the king of Portugal wanted to apprehend him because Fernando and Isabel were sponsoring the voyage. (See page 105, note 3.)

3. This is the opinion of Las Casas. The fact is that Columbus was accustomed to measuring distances in Italian leagues. So he entered his own measurements in the journal. Then he prepared for his crew, all of whom (except for four) were Spaniards, a conversion to the league to which they were accustomed. For example, in October, Columbus entered 707 leagues, but announced to his crew that they had sailed 584. This number is smaller by a factor of ⁵⁄₆. Besides, Columbus could not have successfully deceived so many knowledgeable sailors.

4. *120 toneladas:* They calculated that a mast of those dimensions must belong to a sunken ship with a cargo capacity of 120 tons.

Preguntas

1. ¿De qué se enteró Colón? ¿Cómo razonó Colón?

2. ¿Cuál es su opinión sobre esto?

3. ¿Cómo estaba el mar?

4. ¿Qué supuso Las Casas? ¿Cuál es la verdad?

5. ¿Qué hicieron los marineros? ¿Cómo reaccionó Colón?

6. ¿Qué vieron los marineros? ¿Qué calcularon?

Capítulo 4

VIERON UN MARAVILLOSO RAMO DE FUEGO°

Jueves, 13 de septiembre

Navegaron día y noche y recorrieron 33 leguas. El Almirante contó tres o cuatro menos para su segundo diario. Las corrientes marítimas eran contrarias.° Entre el anochecer y el amanecer, las agujas° de las brújulas° fluctuaban un poco entre noroeste y noreste.

Viernes, 14 de septiembre

Navegaron día y noche rumbo el oeste y recorrieron 20 leguas. El Almirante contó menos para su segundo diario. Los tripulantes de la *Niña* dijeron que habían visto un grajao° y un rabo de junco.° Estas aves nunca vuelan a más de 25 leguas de la tierra.

Sábado, 15 de septiembre

Navegaron día y noche más de 27 leguas en su camino al oeste. Vieron un maravilloso ramo de fuego que cayó en el mar a unas cuatro o cinco leguas de distancia.[1]

Domingo, 16 de septiembre

Navegaron hacia el oeste 39 leguas, pero el Almirante sólo contó 36 en su segundo diario. Ese día estuvo nublado° y caía una llovizna.° Dijo el Almirante que de aquí en adelante siempre encontraron aires templadísimos° y que era un gran placer en las mañanas. Dijo que sólo faltaba oír los ruiseñores.° Explicó que el tiempo era entonces como abril en Andalucía. Aquí comenzaron a ver bancos de hierba muy verde° que se habría desprendido° recientemente de la tierra.[2] Por esto todos juzgaban° que estarían ya cerca de alguna isla. Pero según el Almirante la tierra firme estaba más adelante aún.

Lunes, 17 de septiembre

Navegaron hacia el oeste unas 50 leguas. El Almirante anotó solamente 47 en su segundo diario. Navegaban con la ayuda de los vientos. Vieron frecuentemente muchos bancos de hierba de río que venían del oeste. Concluyeron que estaban cerca de tierra.

Los pilotos verificaron el norte en sus brújulas y notaron que las agujas apuntaban hacia el noroeste por un punto. Los marineros se sintieron preocupados sin saber el por qué de esa variante. El Almirante, al comprender esto, ordenó que al amanecer° verificaran el norte nuevamente. Las agujas marcaron precisamente el norte. Se creyó que la estrella del norte se movía y no las agujas de las brújulas.[3] Al amanecer vieron más bancos de hierba que parecían de río y hallaron un cangrejo° vivo, el cual guardó° el Almirante. Dijo él entonces que ésas eran señales ciertas° de que la tierra no estaba distante, porque todo eso no se encontraba nunca a más de 80 leguas de la tierra. Los marineros decían que entonces el agua estaba menos salada° que la de las Canarias. Los vientos soplaban más suavemente. Navegaron muy alegres, a toda vela,° y cada carabela trataba de ser la primera en ver tierra.[4] Vieron muchas toninas° y atraparon una. El Almirante anotó en su diario que todas estas señales de la proximidad de la tierra venían del poniente y que Dios les daría pronto la victoria de encontrar tierra. En esa mañana vio el Almirante una ave blanca que se llama rabo de junco que no acostumbra dormir en el mar.

cangrejo crab
guardó put away
señales ciertas certain signals

menos salada less salty
a toda vela full speed ahead (with all sails)
toninas tuna fish

Notas

1. Some seem to think that the sheet of fire was an asteroid. Others believe that it was a UFO. The mystery of this sighting persists to this day.

2. They were entering the western edge of the Sargasso Sea. Columbus thinks erroneously that the clumps of weed had recently broken away from a continent, maybe from a river. This is in fact the Sargasso Sea, characterized by the seaweed.

3. Columbus was the first to note and record the daily variation in the ship's compass of the bearing of the magnetic north in relation to the North Star.

4. There was a generous reward for the first man to see land.

Preguntas

1. ¿Qué ocurría con las agujas de las brújulas? ¿Qué ordenó el Almirante? ¿Qué concluyeron?

2. ¿Qué aves vieron, y qué significado tenía eso?

3. ¿Qué fauna marina vieron?

4. ¿Qué podría haber sido el maravilloso ramo de fuego que vieron los marineros?

5. ¿Cómo describe Colón el clima desde el 16 de septiembre?

6. ¿Qué eran los bancos de hierba muy verde? ¿Qué cree Colón?

7. ¿Por qué trataba cada carabela de ser la primera, como en una carrera (*race*)?

Capítulo 5

DOS ALCATRACES° VINIERON A LA *SANTA MARÍA*

alcatraces *gannets* pelicans

Martes, 18 de septiembre

Navegaron hacia el poniente más de 55 leguas. El Almirante sólo marcó 48 en su segundo diario. Todos esos días estuvo el mar muy calmado, como el río de Sevilla.[1] Ese día, Martín Alonso Pinzón, capitán de la veloz° *Pinta,* no esperó al resto de las carabelas, diciendo al Almirante que había visto una gran multitud° de aves volar hacia el poniente. Por eso iría a toda vela hacia el oeste, porque esperaba ver tierra esa misma noche. Apareció hacia el norte una borrasca° de nubes muy oscuras, que es señal de estar muy cerca de tierra.

veloz fast
gran multitud great flock

borrasca squall (a sudden gust of wind)

Miércoles, 19 de septiembre

Navegaron unas 25 leguas porque tuvieron poco viento. En este día, a las 10 horas, vino a la nave un alcatraz, y en la tarde vieron otro. Estas aves no se alejan de la tierra más de 20 leguas. Vieron llovizna sin viento, que es señal de que la tierra está cercana. El Almirante no quiso detenerse barloventeando° para ver si había islas, como en realidad había hacia el norte y el sur.[2] El Almirante navegaba en medio de ellas porque su intención era seguir adelante hacia las Indias. Aquí los pilotos compararon sus cómputos° de navegación: el piloto de la *Niña* había navegado 440 leguas desde las islas Canarias. El piloto de la *Pinta* había calculado 420. El piloto de la *Santa María,* donde iba el Almirante, contó exactamente 400 leguas.

barloventeando beating to the wind

cómputos computations

Jueves, 20 de septiembre

En este día navegaron hacia el noroeste, en varios grados porque había mucha calma y los vientos se mudaban° frecuentemente. Navegaron siete u ocho leguas. Dos alcatraces vinieron a la nave, y luego vino uno más, lo que es señal de estar cerca de la tierra. Vieron muchos bancos de hierba, aunque el día anterior° no vieron ninguno. Tomaron con la mano un pájaro que era como la golondrina de mar.° Éste era pájaro de río y no de mar. Tenía las patas como de gaviota.° Al amanecer vinieron a la nave dos o tres pajaritos de tierra que cantaban y partieron antes del amanecer. Después vino un alcatraz. Venía del noroeste y volaba hacia el sudeste. Ésta era una señal de que se alejaban de la tierra del noroeste, porque estas aves duermen en tierra y por la mañana van al mar para alimentarse° y no se alejan más de 20 leguas de la tierra.

mudaban changed direction

día anterior previous day
golondrina de mar tern
gaviota seagull

alimentarse to feed themselves

Las tres carabelas más famosas del mundo: la Santa María, la Pinta y la Niña.

Viernes, 21 de septiembre

Hubo calma en la mayor parte de ese día, y después hubo un poco de viento. Navegarían entonces unas 13 leguas, algunas en rumbo y algunas fuera de rumbo.° Al amanecer hallaron tantos bancos de hierba que el mar parecía cuajado° de ellos, y venían del oeste. Vieron un alcatraz. El mar estaba tan llano° como un río y los vientos soplaban como los mejores del mundo. Vieron una ballena,° que es señal de que estaban cerca de tierra porque las ballenas siempre nadan cerca de ella.

fuera de rumbo away from their course
cuajado coagulated, curdled
llano flat, calm
ballena whale

Notas

1. *Río de Sevilla* is the Guadalquivir River (which flows through Seville and Cordova into the Atlantic Ocean).

2. There was no way they would have known of the existence of Puerto Rico or the Leeward Islands. Las Casas is speaking with hindsight.

Preguntas

1. ¿Con qué compara Colón el mar en calma?

2. ¿Por qué no esperó Martín Alonso Pinzón el resto de las carabelas?

3. ¿Cómo estaba entonces el tiempo?

4. ¿Qué aves vieron y qué otras señales había de que la tierra estaba cerca?

5. ¿Cuál fue el resultado de las comparaciones del recorrido de las tres carabelas?

6. Mencione los nombres de las aves que encontraron.

7. ¿Qué hallaron al amanecer?

8. ¿Cómo estaba el mar?

9. Finalmente, ¿qué señal de la proximidad de la tierra vieron?

Capítulo 6

MARTÍN ALONSO DIJO QUE YA VEÍA TIERRA

Sábado, 22 de septiembre

Navegaron unas 30 leguas con vientos que se mudaban hacia el oeste y noroeste. No vieron casi ningún banco de hierba. Vieron unos petreles° y otra ave. Dijo aquí el Almirante: "Este viento me fue necesario porque mi tripulación está muy agitada,° porque ellos pensaban que no soplaban° vientos para regresar a España".[1] Parte de ese día no vieron ninguna hierba y después la encontraron muy espesa.°

petreles   petrels (sea birds)
agitada   upset
soplaban   blew
espesa   thick, dense

Domingo, 23 de septiembre

Navegaron unas 27 leguas, a veces hacia el noroeste por el norte y a veces hacia el oeste. Vieron una tórtola,° un alcatraz y otro pajarito de río y otras aves blancas. Había muchos bancos de hierba y se veían cangrejos en ellos. Como el mar estaba muy calmado y llano, la gente murmuraba diciendo que por allí no había un gran mar y que nunca soplaría el viento hacia el este, para regresar a España. Empero° se alzó el mar° con grandes olas y sin viento, lo que asombró° a todos. Dijo entonces el Almirante: "Me fue muy necesario ese mar tan alto. Tan alto fue que no se vio otro igual desde cuando los judíos salieron de Egipto murmurando° contra Moisés,[2] quien los sacaba del cautiverio".°

tórtola   turtledove

Empero   But
se alzó el mar   the sea became rough
asombró   amazed, astonished
murmurando   murmuring, grumbling
cautiverio   captivity

Lunes, 24 de septiembre

Navegaron hacia el oeste unas 14.5 leguas. El Almirante contó solamente 12. Vino a la *Santa María* un alcatraz y vieron muchas pardelas.°

pardelas   variety of tern

Martes, 25 de septiembre

En este día el mar estuvo en calma, y después sopló el viento. Siguieron su ruta hacia el oeste hasta el anochecer. El Almirante iba hablando con Martín Alonso Pinzón, capitán de la *Pinta,* sobre una carta geográfica° que le había enviado a la *Pinta* tres días antes. Según parece,° el Almirante había dibujado unas islas en ese mar. Martín Alonso decía que era su parecer° que esas islas estaban cerca. El Almirante pensó entonces que debido a las corrientes marinas que los llevaban hacia el noreste, ellos no debían de haber navegado tanto como los pilotos computaron.° Y entonces el Almirante le pidió a Martín Alonso que le devolviera la carta geográfica.[3] Martín Alonso se la envió por medio de una cuerda.° En seguida el Almirante comenzó a

carta geográfica   marine chart
según parece   it seems that
era su parecer   it seemed to him; it was his opinion

computaron   calculated

cuerda   line (from ship to ship)

trazar to draw

popa stern of a ship

recompensa reward

se hincó knelt down

ocaso sunset

dorados red fish

trazar° un nuevo rumbo con su piloto y marineros. Al ponerse el sol, Martín Alonso subió en la popa° de su carabela y con mucha alegría llamó al Almirante pidiéndole la recompensa° porque ya veía tierra. Cuando el Almirante escuchó esta afirmación, se hincó° para dar gracias a Dios. Martín Alonso rezó el *Gloria in excelsis Deo* con su tripulación. El Almirante y el resto de las tripulaciones hicieron lo mismo. Todos subieron al mástil y a las velas y todos afirmaron que la tierra estaba a unas 25 leguas de distancia. Así estuvieron hasta el ocaso.° El Almirante entonces mandó que cambiaran de rumbo del oeste al sudeste, donde habían visto tierra. Ese día navegaron cuatro leguas al oeste, y en la noche, 17 leguas hacia el sudeste. El Almirante les dijo que habían navegado solamente 13 leguas, porque no quería que les pareciera muy largo el viaje. El mar estuvo en calma, por lo que muchos marineros se tiraron a nadar. Vieron muchos dorados° y otros peces.

Notas

1. Columbus for the first time records that his crew is agitated because the prevailing winds blew toward the west. But on this occasion he finds the winds blowing in many directions, and this calms the sailors. Las Casas in his *Historia* states that the sailors threatened to throw Columbus overboard.

2. Exodus 15:24.

3. *Carta geográfica* probably refers to the Toscanelli map, which gave the width of the Atlantic Ocean and the configuration of the eastern shore of Asia. This map was derived from world maps developed by the German mapmaker Henricus Martellus and Francesco Roselli. In 1492, Martin Behaim made a globe based on these maps.

Preguntas

1. ¿Por qué estaba agitada la tripulación de las carabelas?

2. ¿Cómo eran los vientos que tranquilizaron a los marineros?

3. ¿Qué nuevas aves y peces descubren?

4. ¿Por qué razón o razones cree que se alzó el mar? ¿Cómo reaccionaron los marineros?

5. ¿Se justifica la cita bíblica de Moisés con la situación que trata de ilustrar Colón?

6. Explique cómo se enviaban cosas entre las carabelas.

7. ¿Qué hizo Martín Alonso Pinzón al ponerse el sol?

8. ¿Qué hicieron todos?

Capítulo 7

No era tierra sino cielo

Miércoles, 26 de septiembre

Navegaron en su rumbo al oeste hasta pasado el mediodía. Después navegaron rumbo al sudoeste hasta que se dieron cuenta° que lo que vieron el día anterior no era tierra sino cielo. Navegaron 31 leguas y el Almirante dijo a su tripulación que habían navegado 24. El mar era como un río, las brisas dulces y suavísimas.

se dieron cuenta they realized

Jueves, 27 de septiembre

El Almirante mantuvo su rumbo al oeste. Navegaron 24 leguas, pero el Almirante anotó sólo 20. Vieron muchos dorados y mataron uno. Vieron también un rabo de junco.

Viernes, 28 de septiembre

El Almirante continuó su rumbo al oeste. Navegaron 14 leguas entre períodos de viento y de calma. Él anotó solamente 13. Vieron pocos bancos de hierba. Pescaron dos dorados, y los de las otras naves, más.

Sábado, 29 de septiembre

El Almirante siguió su rumbo al oeste. Navegaron 24 leguas y él dijo a su tripulación que sólo habían recorrido 21. Por la falta de brisas navegaron pocas leguas. Vieron un ave que se llama rabihorcado.° Esta ave

rabihorcado frigate bird

vomitar to regurgitate
se posa lands, settles
se aparta goes away from

forcado frigate bird

hace vomitar° a los alcatraces lo que comen, y luego se lo come ella. Así vive, sin comer otra cosa. Es ave de mar, pero no se posa° en el mar ni se aparta° más de 20 leguas de la tierra. Hay muchas de estas aves en las islas de Cabo Verde. Después vieron dos alcatraces. Las brisas eran dulces y sabrosas. Decían que sólo faltaba oír al ruiseñor. El mar estaba llano como un río. Luego aparecieron tres alcatraces y un forcado.° Vieron muchos bancos de hierba.

Domingo, 30 de septiembre

apunta records
guardas Guards

El Almirante siguió su rumbo al oeste. Navegaron 14 leguas y él anotó solamente 11. Vinieron a la *Santa María* cuatro rabos de junco, que es gran señal de tierra, porque una bandada de aves del mismo tipo es señal que no andan perdidas.[1] En dos ocasiones vieron dos alcatraces, y mucha hierba. El Almirante apunta° que al caer la noche las estrellas que se llaman guardas° están junto al brazo del oeste, y al salir el sol están en una línea bajo el brazo del noreste. Así es que parece que durante la noche se mueven tres líneas, eso es nueve horas. Esto sucede todas las noches.[2] También al anochecer la brújula apunta un cuarto hacia el noroeste, y al amanecer apunta hacia el oeste. Por esto parece que las estrellas se mueven como otras estrellas y las agujas tienden siempre a la verdad.[3]

Notas

1. The tension mounts and the Admiral reasons that they cannot be too far from land because certain types of sea birds spend their nights on land. He sees many birds and is convinced that land is not far away.

2. Columbus observes that the North Star circles around the true north.

3. The Guards are the two outermost stars of the constellation Ursa Minor. Their names are Kochab and Pherad. The arms mentioned are the two arms of an imaginary human figure centered on the North Star, which was used to tell time at night. A circle drawn around the human figure was divided into eight sections, forty-five degrees each. It took the star three hours to move through each section (line). Therefore, three lines equaled nine hours.

Preguntas

1. ¿Qué táctica, según Colón, usa el rabihorcado para alimentarse?

2. ¿Qué otra característica tiene el rabihorcado? ¿Cómo lo sabe Colón?

3. Según Colón, ¿qué sucede al caer la noche y al salir el sol?

4. ¿Qué sucede con las brújulas de las carabelas?

5. ¿En qué tiene fe Colón?

Capítulo 8

VIERON MUCHAS SEÑALES
DE LA PROXIMIDAD DE TIERRA

Lunes, 1 de octubre

Navegaron ese día 25 leguas. El Almirante contó a la gente que habían navegado 20. Cayó ese día un gran aguacero.° El piloto de la *Santa María* al amanecer sostuvo° que habían navegado 578 leguas al oeste desde las isla del Hierro hasta ese punto. La cuenta del Almirante era de 584. Pero la verdadera cuenta que el Almirante guardaba era de 707.

aguacero downpour
sostuvo insisted

Martes, 2 de octubre

Navegaron ese día 30 leguas. El Almirante anotó solamente 25. Dijo aquí: "El mar está llano y bueno como siempre. Gracias sean dadas a Dios". Los bancos de hierba flotaban de este a oeste, lo contrario de lo usual.[1] Aparecieron muchos peces. Mataron a uno. Vieron un ave blanca que parecía gaviota.

Miércoles, 3 de octubre

Navegaron por su rumbo normal. Recorrieron 47 leguas. El Almirante sólo anotó 40 para su gente. Aparecieron pardelas y muchos bancos de hierba entre vieja y fresca. En la fresca se veía lo que parecía fruta.[2] No vieron ave alguna. El Almirante creyó que había pasado las islas que tenía dibujadas en su carta geográfica. Aquí dijo el Almirante que

En la cámara de la Santa María, *el Almirante escribía los hechos de que era testigo.*

no quería demorarse buscando esas islas que sabía que existían en esa región. Durante la semana anterior y durante los siguientes días vio tantas señales de la proximidad de tierra que no se quiso detener. Su fin era llegar a las Indias y demorarse sería falta de seso.° **falta de seso** brainless

Jueves, 4 de octubre

Navegaron 63 leguas hacia el oeste. Contó el Almirante 46 para su gente. Vino a la *Santa María* una bandada de más de cuarenta pardelas y dos alcatraces. A uno dio una pedrada° un mozo° de la carabela. Vino a la nave un rabihorcado y un ave blanca como gaviota. **dio una pedrada** threw a stone **mozo** boy

Viernes, 5 de octubre

Continuaron rumbo al oeste. Navegarían a unas 11 millas por hora, con un total de 57 leguas, porque amainó° durante la noche el viento. Contó el Almirante 45 leguas a su gente. Escribió que el aire era muy dulce y templado. No se veían bancos de hierba. Se veían muchas aves, muchas pardelas, y muchos peces golondrinos° cayeron en la *Santa María*. **amainó** calmed down **peces golondrinos** flying fish

Notas

1. Columbus was noticing the effects of sea currents.

2. These are fruit-like floating bladders that help the seaweed stay afloat.

Preguntas

1. ¿En qué consistía la discrepancia entre el piloto de la *Santa María* y el Almirante? ¿Qué proporción hay entre 584 y 707?

2. ¿Por qué razón flotaba la hierba hacia el este?

3. ¿Qué era lo que parecía fruta en los bancos de hierba?

4. ¿Qué creyó el Almirante? ¿Qué decidió hacer?

5. ¿Qué hizo uno de los mozos de la *Santa María*?

6. ¿Qué hacían los peces golondrinos?

Capítulo 9

Siguieron el rumbo de las aves

Sábado, 6 de octubre

Siguieron hacia el oeste. Navegaron 40 leguas, pero el Almirante contó 33 para su tripulación. Esa noche sugirió Martín Alonso Pinzón que sería buena idea enrumbarse° al sudoeste por el oeste. El Almirante dijo que no. Martín Alonso dijo esto pensando llegar primero al Japón. El Almirante explicó que si erraban no encontrarían tierra por mucho tiempo. Dijo que sería mejor encontrar tierra firme primero y después ir a las islas.

enrumbarse to head toward

Domingo, 7 de octubre

Navegaron su rumbo al oeste. Navegaron a 12 millas por hora y después a 8, para un total de 23 leguas. El Almirante contó 18 a la gente. Las tres carabelas navegaban a toda vela compitiendo por ver tierra y ganar el premio que los Reyes habían ofrecido.[1]

En este día, al despuntar el alba,° la carabela *Niña* que iba delantera por ser más veloz, izó una bandera y disparó° una lombarda° como señal de haber visto tierra. Ésta era la señal ordenada por el Almirante. Él había ordenado también que al despuntar el alba y al ponerse el sol las carabelas debían juntarse porque en esos dos tiempos° había menos bruma° y se podía ver más lejos.

al despuntar el alba at the break of dawn
disparó fired
lombarda cannon

tiempos times of the day
bruma haze

Ya que la tarde anterior no vieron la tierra que creyeron ver los de la *Niña,* y porque volaban bandadas de aves desde el norte hacia el sudoeste, dispuso el Almirante que debían cambiar de rumbo hacia el oeste sudoeste por unos dos días. El Almirante sabía que las aves iban a posarse° en la noche en tierra, o estaban emigrando por el invierno que se aproximaba° desde el norte. El Almirante sabía bien que los portugueses descubrieron la mayor parte de sus islas siguiendo a las aves. Cambiaron de rumbo una hora antes de la puesta del sol y navegaron un total de 28 leguas.

posarse to roost
aproximaba drew near

Lunes, 8 de octubre

Navegaron hacia el oeste sudoeste unas 11 ó 12 leguas. Parece que navegaban a 15 millas por hora, si no se miente° en el diario.[2] El Almirante escribió: "El mar estaba como el río de Sevilla, gracias a Dios. Los aires estaban muy dulces, como en abril en Sevilla. Es un placer sentirlos ya que son tan fragantes". Los bancos de hierba parecían muy frescos. Había muchos pajaritos de campo° que huían° hacia el sudoeste. Atraparon uno. Había grajaos, ánades° y un alcatraz.

se miente lies

pajaritos de campo field birds
huían fled
ánades ducks

Notas

1. Fernando and Isabel had offered the generous reward of 10,000 silver *maravedís* to the first to sight land.

2. Las Casas, tongue in cheek, seems to insinuate that there were some lies in the journal. The literature of Chronicles of this period does contain many and great exaggerations, if not outright lies. The excitement of the adventurers is evident. One Portuguese adventurer, Fernão Mendes Pinto, in his *Pilgrimage,* describes the orangutan of Borneo as being big as a house, and the giant bats of Java as being able to carry a man.

Preguntas

1. ¿Por qué Martín Alonso Pinzón quería enrumbarse al sudoeste por el oeste?

2. ¿Cómo respondió el Almirante? ¿Qué razones dio?

3. ¿Qué hacían las tres carabelas?

4. ¿Qué hicieron los de la *Niña* el domingo, 7 de octubre?

5. ¿Cuándo debían juntarse las carabelas? ¿Por qué?

6. ¿Qué consintió el Almirante?

7. ¿Qué señales de tierra está siguiendo Colón?

8. ¿Qué establecieron los portugueses?

9. ¿Qué aves vieron al final?

Capítulo 10

TODA LA NOCHE OYERON PASAR PÁJAROS

Martes, 9 de octubre

Navegaron cinco leguas hacia el sudoeste. Cambió el viento y navegaron cuatro leguas al oeste por el norte, para un total de 31 leguas. El Almirante contó 17 leguas a sus tripulantes. Toda la noche oyeron pasar pájaros.

Miércoles, 10 de octubre

Navegaron al oeste sudoeste. Iban a 10 millas por hora, a veces a 7, y viajaron un total de 59 millas. El Almirante contó a su gente no más de 44 leguas. Aquí la tripulación comienza a quejarse° del largo viaje, pero el Almirante los alentó° lo mejor que pudo, recordándoles° que ganarían gran provecho° al fin de la jornada. Añadió que era inútil quejarse porque él había venido para encontrar las Indias y, con la ayuda de Dios, así lo haría.

quejarse to complain
alentó encouraged
recordándoles reminding them
provecho reward

Jueves, 11 de octubre

Navegaron hacia el oeste sudoeste. El mar estaba muy encrespado,° el peor de toda la jornada. Vieron unas pardelas y un junco° verde junto a la *Santa María*. La tripulación de la *Pinta* recogió una caña° y un palo, recogió también otro palo labrado,° por lo que parecía, con algún instrumento de metal. También vieron hierba de tierra y una tablilla.° Los marineros de la *Niña* también vieron otras señales de tierra, y un palillo cargado de escaramujos.° Todos se alegraron al ver esas señales, y respiraron una vez más. Navegaron 27 leguas ese día, hasta la puesta del sol. Al anochecer el Almirante cambió de rumbo, nuevamente hacia el oeste.

encrespado rough
junco rush
caña reed
palo labrado carved stick
tablilla small board
cargado...escaramujos loaded with barnacles

Madrugada del 12 de octubre de 1492

Navegaron a 12 millas por hora hasta las 2 de la madrugada del 12 de octubre. Cubrirían alrededor de 90 millas, que son 22.5 leguas. La *Niña* era más veloz que la *Santa María* y navegaba adelante. Entonces los de la *Niña* que vieron tierra primero, dieron las señales que el Almirante había mandado. Un marinero que se llamaba Rodrigo de Triana[1] vio tierra primero. Empero el Almirante vio una luz a las 10 de la noche desde la cubierta de popa. Llamó entonces a Pedro Gutiérrez, el repostero,° y le pidió que mirara esa luz. Así lo hizo y la vio. Tam-

repostero main officer

bién se lo pidió a Pedro Sánchez de Segovia, quien era el observador°
de los Reyes. Éste no vio nada porque no estaba en un lugar donde
pudiera ver.[2]

observador comptroller

Notas

1. The boarding list of Columbus's crew doesn't include Rodrigo de
    Triana. Perhaps it was either another sailor named Rodríguez or a
    nickname.

2. Obviously, it was expected that Columbus would be the first to see
    the light. They were over 50 miles away from land, and it was
    highly unlikely that natives would be that far out fishing, using
    fire to attract fish. It seems also that Columbus asked Pedro Sán-
    chez de Segovia to see something he couldn't see from where he
    was standing. Therefore, Sánchez could not deny it.

Preguntas

1. ¿Cómo calma el Almirante a la tripulación que se quejaba?

2. ¿Qué advierte a su tripulación Colón?

3. ¿Cómo estaba el mar el 11 de octubre?

4. ¿Qué vieron y qué recogieron los marineros de la *Santa María*, la
    Pinta y la *Niña*?

5. ¿Qué hicieron todos al ver tantas señales de tierra?

6. ¿Por qué vieron tierra primero los de la *Niña*?

7. Comente en un párrafo su opinión sobre si Colón vio o no vio
    tierra primero. Dé sus razones.

Capítulo 11

TIERRA, AL FIN

tuvo por cierto was certain

escudriñaran scanned
cubierta de proa forecastle
jubón de seda silk jacket

Acortaron las velas They shortened the sails (to slow down)
vela mayor main sail
isleta small island
desnuda naked
salió a tierra landed
barca armada armed boat or tender
bandera real royal standard
bandera de la cruz verde flag of the green cross (Columbus's colors)
seña mark, sign
riachuelos streams

testigos witnesses

pescuezos necks
nos maravillaba it amazed us

papagayos parrots
ovillos de algodón spools of cotton
lanzas spears
trocaban bartered, exchanged
buena voluntad goodwill
facciones features
grueso thick

Después de que el Almirante vio la luz, se la vio una o dos veces más. Era una lucecita que subía y bajaba, y que a pocos les parecía que era indicio de tierra; empero, el Almirante tuvo por cierto° estar junto a tierra. Por esta razón rezaron la salve,[1] y el Almirante les urgió que escudriñaran° bien desde la cubierta de proa° porque al primero que viera tierra le daría un jubón de seda,°[2] además de los diez mil maravedís que habían prometido los Reyes.

A las 2 de la madrugada apareció tierra como a dos leguas de distancia. Acortaron las velas,° navegando solamente con la vela mayor,° y esperaron hasta el amanecer del viernes.

Llegaron a una isleta° de los Lucayos, que se llamaba en la lengua de los indios,[3] Guanahaní.[4] Vieron entonces gente desnuda.° El Almirante salió a tierra° en una barca armada° en compañía de los hermanos Pinzón. El Almirante llevaba la bandera real,° y los hermanos Pinzón llevaban dos banderas de la cruz verde,° que era la seña° del Almirante en todas las carabelas. Sobre la cruz verde estaba una letra F, por Fernando, y una Y, por Isabel. Sobre cada letra estaba la corona respectiva.

Ya en tierra, vieron árboles muy verdes, muchos riachuelos° y mucha variedad de fruta. Entonces juntó el Almirante a los dos capitanes, a Rodrigo de Escobedo,[5] a Pedro Sánchez de Segovia[6] y al resto de la gente que vino con él a tierra para que sirvieran como testigos° de que el Almirante, en presencia de ellos, tomaba posesión de esa isla en nombre de los Reyes de España, sus señores. Así se hicieron todos los documentos legales. Luego se juntó allí mucha gente de la isla.

Éste es el primer informe para los Reyes que el Almirante escribió en su diario: "Para lograr su amistad, y porque reconocí que esa gente se ganaría para nuestra religión por amor y no por fuerza, les di unos bonetes rojos y unas cuentas de vidrio (que se los pusieron en sus pescuezos°), y otras cosas de poco valor. Ellos sentían tanto placer con ello que nos maravillaba.°

"Luego ellos venían nadando a nuestras barcas donde estábamos. Nos traían papagayos,° ovillos de algodón,° lanzas° y muchas otras cosas y nos las trocaban° por cosas como cuentas de vidrio y cascabeles. En fin, todo tomaban y daban de lo suyo de muy buena voluntad.°

"Me pareció que era gente muy pobre. Ellos andaban totalmente desnudos. Todos eran jóvenes y menores de 30 años de edad. Muy bien hechos, con hermosos cuerpos y hermosas facciones.° Su pelo era grueso,° casi como el de la cola de caballo, pero corto. Lo traen sobre

Entonces juntó el Almirante a los dos capitanes... y al resto de la gente... [y] tomaba posesión de esa isla en nombre de los Reyes de España, sus señores.

se pintan paint themselves

las cejas, excepto por unos pocos pelos atrás que los traen largos y nunca se los cortan. Algunos se pintan° de color negro, aunque su piel es del color de los habitantes de las islas Canarias, ni negros ni blancos. Algunos se pintan de blanco, otros se pintan de rojo y aun otros más se pintan de varios colores. Algunos se pintan solamente la cara. Otros se pintan todo el cuerpo. Unos se pintan solamente los ojos, otros se pintan sólo la nariz.

filo sharp edge of the blade
hierro iron
varas wooden shafts
diente de tiburón shark's tooth
medianamente altos fairly tall
cicatrices scars
por señas by sign language
guerreros warriors
deben ser must be

"Ellos no llevan armas ni las conocen, porque cuando les mostré unas espadas las tomaron por el filo° y se cortaron, por su ignorancia. No conocen el hierro.° Sus lanzas son varas° sin punta de hierro. Algunas tienen un diente de tiburón° en su fin.

"Ellos son medianamente altos,° hermosos y bien proporcionados. Yo vi a algunos que tenían cicatrices° en sus cuerpos. Por señas° pregunté la razón de esas cicatrices. Me respondieron que venía gente de otras islas a capturarlos y ellos se defendían.

"Yo creí y creo que guerreros° vienen aquí desde tierra firme para tomarlos de esclavos. Estos indios deben ser° buenos esclavos porque noto que son inteligentes y aprenden rápidamente nuestra lengua. Creo también que pronto se convertirán al cristianismo porque me parece que no tienen religión. Con la ayuda de Dios, yo a mi regreso a España les llevaré a Sus Altezas seis indios para que aprendan el castellano.

especie kind
salvo except

"No he visto animales de ninguna especie° en esta isla, salvo° papagayos".

Notas

1. *salve:* the "Hail Mary," a prayer of salutation to the Virgin Mary. It begins *Dios te salve, María...*

2. *jubón de seda:* a close-fitting man's silk jacket of the period. Today, the word most commonly used in Spain for jacket is *chaqueta;* in the Americas, it is *saco.*

3. *indios:* Columbus names the inhabitants "Indians" because he thinks he has reached India. The term may be offensive to some people, who prefer to use the name of each indigenous group or, in general, the term "indigenous" or "native."

4. Guanahaní: The location of this small island is uncertain because many islands, the Bahamas, the Turks, and the Caicos group, fit the description given by Columbus. However, scholars seem to

agree that most likely the island is either Watling or Samana Cay. Columbus visited four main islands before reaching Cuba on October 28. He named these islands San Salvador (either Watling or Samana Cay); Santa María de la Concepción (either Rum Cay or Crooked Island); Fernandina (Long Island); and Isabela (either Crooked Island or Fortune Island).

5. Rodrigo Escobedo was the secretary of the expedition.

6. Pedro Sánchez de Segovia was sent by the monarchs to measure the gold to be obtained and to separate and safely preserve the crown's share.

Preguntas

1. ¿Por qué razón rezaron la salve?

2. ¿Cuál era el premio que daban los Reyes al primero que viera tierra? ¿Qué regalo daría además Colón?

3. ¿A qué hora vieron tierra, y qué hicieron?

4. ¿Cómo se llamaba la isla a la que llegaron? ¿Qué vieron? ¿Qué hizo el Almirante?

5. Describa la bandera de Colón.

6. ¿Qué vieron en tierra?

7. ¿A quiénes llevó el Almirante como testigos de que tomaba estos territorios para los Reyes de España?

8. En su informe a los Reyes, ¿qué reconoció Colón? ¿Qué regalos hizo? ¿Cómo los recibieron los indios?

9. Al ir nadando a las barcas de los españoles, ¿que hacían los indios?

10. En un párrafo, relate cómo describe Colón a los indios.

11. ¿Qué hicieron los indios cuando Colón les mostró una espada? ¿Por qué?

12. Según Colón, ¿por qué tenían cicatrices?

13. ¿Cómo se comunicaba Colón con los indios?

14. ¿Qué comentario hace Colón sobre los esclavos? ¿Qué refleja?

15. ¿Qué hará Colón a su regreso a España? ¿Qué religión tienen los indios? ¿Qué animales ha visto Colón hasta ese momento?

Capítulo 12

NOS PREGUNTABAN SI VENÍAMOS DEL CIELO

Sábado, 13 de octubre

Escribió el Almirante: "Al amanecer vinieron a la playa muchos hombres jóvenes, todos de muy buena estatura, gente muy hermosa. Su pelo no es crespo sino grueso, como el de cola de caballo. Todos tienen la frente y la cabeza muy ancha como nunca he visto en otras razas. Sus ojos, no pequeños, son muy hermosos. Su color no es negro, sino pardo, como los habitantes de las Canarias. Esto se debe a que esta isla está en la misma latitud que las islas Canarias.[1] Sus piernas son muy derechas,° y no son barrigones.°

"Ellos vinieron a nuestra carabela en canoas° hechas de un solo tronco de árbol. Algunas eran muy largas y maravillosamente labradas,° en las que cabían hasta 45 hombres. Otras eran muy pequeñas, hasta para un solo hombre. Remaban° con remos° como palas de horneros° y navegaban admirablemente. Si una canoa se trastornaba,° la enderezaban prontamente° y la vaciaban con calabazas.°

"Nos traían en sus canoas ovillos de hilo de algodón, papagayos y lanzas. Sería tedioso recontar lo que traían para hacer trueque.° Durante todo esto, yo trataba de averiguar° si había oro. Vi que algunos de ellos traían un pedacito de oro colgado de un agujero° que tienen en la nariz.

"Por medio de señas entendía que al sur de la isla había un rey que tenía mucho oro en grandes vasijas.° Traté de que fueran allí, pero luego me di cuenta que no tenían interés. Decidí entonces esperar hasta la tarde del siguiente día y zarpar hacia el sudoeste. Ellos me informaron que había islas hacia el sur, sudoeste y noroeste. Dijeron también que los habitantes de las islas del noroeste les venían a gue-

derechas straight
barrigones pot-bellied
canoas canoes

labradas carved
Remaban They rowed
remos oars
palas de horneros bakers' shovels
trastornaba capsized
enderezaban prontamente straightened it quickly
la vaciaban con calabazas they bailed it with gourds
trueque barter
averiguar to find out
agujero orifice, hole
vasijas jars, vases

rrear° muchas veces. Así es que se debía ir al sudoeste a buscar oro y piedras preciosas.

"Esta isla es muy grande y muy llana. Los árboles son muy verdes y hay mucha agua. Hay una laguna muy grande en el medio.[2] No hay montañas y es tan verde que es un placer mirarla. Y esta gente es muy apacible;° ellos trocan todo lo que tienen, y cuando no lo tienen, toman algo y se echan luego a nadar.° Todo lo que tienen trocan por cualquier cosa que se les dé,° hasta pedazos de tazón° o tazas de vidrio.° Vi dar 16 ovillos de algodón por tres monedas portuguesas de poco valor.

"Yo prohibiré esto y no permitiré que se tome nada, pero ordenaré que todo se guarde para Sus Altezas, si hay en cantidad suficiente. Se cultiva el algodón en esta isla, mas por falta de tiempo no pude comprobar. El oro que cuelga de las narices de los indios es también de esta isla. Sin embargo, para no perder tiempo, quiero ir a buscar la isla de Japón. Ahora, como ya anocheció, todos se fueron a sus hogares en sus canoas".

Domingo, 14 de octubre

"Al amanecer mandé preparar los bateles° de las carabelas y navegué al noreste, a lo largo de la isla para ver lo que había al otro lado de la isla, el lado este. Vi dos o tres poblaciones.° Toda la gente vino a la playa llamándonos y dando gracias a Dios. Unos nos trajeron agua; otros, cosas de comer. Y otros, cuando veían que yo no iba a detenerme o desembarcar, se echaban al mar, nadando hacia nosotros. Entendíamos que nos preguntaban si habíamos venido del cielo.[3] Un anciano subió a nuestro batel y todo el resto de los hombres y mujeres llamaban a voces° para que todos vinieran a ver a los hombres que habían llegado del cielo y que trajeran comida y bebida. Muchos vinieron, cada uno con algo para nosotros. Todos daban gracias a Dios, postrados en el suelo° y levantando las manos hacia el cielo.

"Exploré las islas, pero había tantas... los nativos nombraron más de cien. Yo escogí la más grande que está a unas cinco leguas de esta isla que la llamé San Salvador. Allá iremos mañana".

guerrear to make war

apacible gentle
se echan...nadar they go away swimming
se les dé that is given to them
pedazos de tazón broken pieces of bowl
tazas de vidrio glass cups

bateles ships' tenders

poblaciones villages

llamaban a voces called out, shouted

postrados en el suelo lying flat on the ground

Notas

1. Columbus and his contemporaries believed Aristotle's theory that skin color corresponded to latitude: the closer to the equator, the darker the skin and the closer to the poles, the whiter the skin.

2. Columbus was on either Watling Island or Samana Cay. Samana Cay has a lagoon in its center.

3. Columbus's Christian concept of "heaven" contrasted with the natives' concept of "sky."

Preguntas

1. ¿Qué le impresionó más a Colón sobre la apariencia de los nativos?

2. ¿Cómo eran las canoas de los indios? ¿Cómo eran los remos? ¿Eran buenos navegantes?

3. ¿Por qué se trastornaban las canoas?

4. ¿Cuál parece ser el interés principal de Colón?

5. ¿Cuál es el tono del relato de Colón cuando describe a los nativos?

6. ¿Qué entendió Colón por medio de señas?

7. ¿Sabían los nativos el valor del oro?

8. ¿Dónde había islas, y a dónde no se debía ir?

9. ¿En qué dirección debía navegar Colón para encontrar oro y piedras preciosas?

10. ¿Qué hacen los nativos cuando no tienen nada que trocar?

11. ¿Qué vio trocar Colón?

12. ¿Cuál es la reacción de Colón al ver que se han dedicado todos a trocar?

13. ¿Qué quiere hacer Colón para no perder más tiempo?

14. ¿Qué hizo Colón al amanecer?

15. ¿Cómo reaccionaron los nativos al ver a Colón?

16. ¿Cómo daban gracias a Dios los nativos?

17. ¿Qué nombre da Colón a la primera isla que describe?

Capítulo 13

LES DIMOS CASCABELES Y CUENTAS DE VIDRIO

Lunes, 15 de octubre

"Llegué al mediodía a la isla de San Salvador porque la marea me detuvo. Vi otra isla aun más grande hacia el oeste y navegué todo el día a toda vela. Llamé a esta isla Santa María de la Concepción.[1] Yo había tomado cautivos° a algunos indios, para llevarlos a España. Éstos decían que los habitantes de esta isla tenían manillas° muy grandes de oro en los brazos y en las piernas. Yo creí que todo lo que decían era un engaño° para huir. Encontré habitantes iguales a los otros y no hallé oro. El viento soplaba y no quise perder más tiempo. Dos nativos huyeron saltando de nuestra carabela. Los marineros no los pudieron alcanzar.° Otros indios vinieron en canoas, y los capturamos. Les dimos cascabeles y cuentas de vidrio verde como regalo y los soltamos° para que dijeran a los suyos que somos buena gente. Decían los indios que en otra isla, al frente, había mucho oro. Llamé a esta isla Fernandina.[2] Encontré un indio que navegaba en una canoa y lo tomé prisionero. Él llevaba consigo un pan de los que ellos comen,[3] y una cestilla.° Le dimos de comer pan y miel,° y le dimos de beber. Cuando pase por la Fernandina lo pondré en libertad para que dé las buenas nuevas° de nosotros a su gente, y nos den de todo lo que ellos tengan".[4]

cautivos prisoners
manillas bracelets

engaño deceit

alcanzar to reach
los soltamos we set them free

cestilla small basket
miel honey

buenas nuevas good news

Martes, 16 de octubre

"Entré a la isla Fernandina. Llegué a una población. Sus habitantes eran más civilizados, tenían más tacto y eran más sutiles° que los anteriores. El indio al que di regalos había dado tantas buenas nuevas de nosotros que nos recibieron con gran entusiasmo. Nos trajeron en sus canoas agua y de todo lo que tenían. Les regalamos sonajas de latón° y otras baratijas. También les dimos melaza.° Nos mostraron donde había agua dulce y ellos mismos cargaron los barriles. En esta isla vi que tenían paños de algodón° y que usaban como mantos,° y las mujeres traían por delante de su cuerpo una cosita de algodón que escasamente° les cubría su naturaleza.° La isla es muy verde y llana. Es fertilísima. Vi muchos árboles muy diferentes a los de España. Voy a rodear° esta isla para ver si hay mina de oro. Buscaré otra isla que los indios llaman Saomete, donde dicen que hay mucho oro. Hay peces aquí que es una maravilla. Son de los colores más finos del mundo: azules, amarillos, colorados, otros pintados de mil maneras. Los colores son tan lindos que no hay hombre que no se maraville. También

sutiles sophisticated

sonajas de latón brass rattles
melaza molasses

paños de algodón cotton cloths
mantos headdresses
escasamente scarcely
naturaleza private parts
rodear to circle

Les dimos cascabeles y cuentas de vidrio verde como regalo.

hay ballenas. No he visto animales, salvo papagayos y lagartijas.° Un
mozo vio un gran reptil. No hay ni ovejas ni cabras. Ya describiré más,
después de rodear la isla".

lagartijas lizards

Miércoles, 17 de octubre

"Al rodear la isla encontré un magnífico puerto con una isla en medio.
Había allí una población donde llenamos de agua nuestros barriles. La
isla y sus árboles eran verdes y hermosos. Yo caminé entre ellos por
dos horas. Los nativos eran similares a los otros: la misma estatura,
desnudos e interesados en hacer trueque. Los que fueron por agua me
contaron que había entre 12 y 15 casas muy limpias, con chimeneas,°
y en forma de tiendas° muy grandes. Las mujeres casadas° usaban pan-
talones de algodón. Me dijeron que había perros que no ladraban.°5
Me dijeron también que vieron a un hombre que tenía un gran pedazo de oro en la nariz en el cual vieron letras".6

chimeneas hearths
tiendas tents
casadas married
ladraban barked

Notas

1. It is either Rum Cay or Crooked Island.

2. Fernandina is Long Island.

3. Cassava bread.

4. The tactic of capturing natives and treating them well in order to
   gain their trust works well for Columbus.

5. There weren't any dogs in the New World. The dog-like animals
   they found were bred for food and became extinct. There are indeed dogs that do not bark (the Australian dingo and the mala-
   mute, for example).

6. It is a wonder what those letters were. Could they have been Eu-
   ropean? Middle Eastern? Far Eastern?

Preguntas

1. ¿Por qué razón va Colón a la isla que llamó Santa María de la
   Concepción?

2. ¿Qué hicieron los dos nativos?

3. ¿Cómo se gana Colón la confianza de los nativos?

4. ¿Cómo caracterizó Colón a los habitantes de la isla que llamó Fernandina?

5. ¿Cómo vestían las mujeres en la isla Fernandina?

6. ¿Qué otra isla pudo haber tenido oro?

7. Describe los peces de las islas según Colón.

8. ¿Qué comentarios hace Colón sobre los animales?

9. ¿Cómo se visten las mujeres casadas de la otra población?

10. ¿Qué vieron en un pedazo de oro que llevaba un nativo?

Capítulo 14

Y SE VIO LA TIERRA MÁS LINDA DEL MUNDO

Jueves, 18 y viernes, 19 de octubre

"Llegué a la isla que llamaban Saomete y le puse el nombre de Isabela. Esta isla tiene tierras más altas que las otras islas que vi. Pero no son tan altas como montañas. Hay un cabo muy redondo y muy lindo, con una bahía° muy linda también. Lo llamé cabo Hermoso. Hay aquí muchos árboles y muchas hierbas que valen mucho en España, y que son para la medicina, especias y tinturas.° Yo no sé de ellas, por lo que tengo gran pena. El olor es tan bueno y tan dulce aquí que diría que es el más dulce del mundo. Mañana iré a buscar al rey de esta isla, del que dicen que tiene mucho oro. Yo ya no creo lo que me dicen, porque un poco de oro les parece mucho a esta pobre gente".

bahía bay

tinturas dyes

Sábado, 20 y domingo, 21 de octubre

"Llegué a un cabo que lo llamé Isleo[1] donde no hallé a nadie en sus casas, porque creo que han huido por temor. Hay muchos lagos con árboles en sus alrededores. Es todo tan verde y tan bello que no sé cómo se quisiera° partir de aquí. Hay grandes bandadas de papagayos que oscurecen el sol. Muchas variedades de pajaritos que cantan. Es

se quisiera one would wish

una pena que yo no sepa sus variedades, porque sé que son de mucho valor. Traigo ejemplares de todo esto para los Reyes. Matamos un gran reptil de siete palmos.[2] Traigo su cuero° para Sus Majestades. Vimos otro pueblo, mas sus habitantes huyeron también. Les di a unos unos cascabeles y unas cuentas de vidrio y regresaron y nos dieron su amistad y el agua que necesitábamos. Quiero rodear esta isla para ver el oro que oigo que tiene este rey con quien quiero hablar. También me dicen que hay otra isla que la llaman Colba,[3] donde dicen que hay naves muy grandes y mucha gente de mar. Dicen también que hay otra isla mayor que llaman Bohío.[4] Al pasar por las islas intermedias menores trataré de conseguir oro o especias, según lo que determinaré hacer. He decidido ir a la ciudad de Guinsay[5] y dar las cartas de Sus Altezas al Gran Kan y pedir respuestas a las embajadas que ustedes me han mandado".

cuero   hide, skin

Lunes, 22 a domingo, 28 de octubre

"He esperado al rey, pero no viene. Han venido muchos indios que creen que venimos del cielo. Nos han dado el oro que llevan en los acostumbrados agujeros de sus narices. Martín Alonso Pinzón mató otro reptil de siete palmos. He determinado no dilatarme° esperando este rey. Iré a la isla de Cuba, que creo que es Japón. Veo que aquí pierdo mi tiempo porque no hay mina de oro. Hay muchas especias aquí, pero como no entiendo de ellas, no sé su valor. Después de una semana de navegar llegamos a un río muy hermoso en Cuba, con bella vegetación y aves y flores".

dilatarme   to delay

Saltó a tierra el Almirante y fue a dos casas que creyó que eran de pescadores, pero todos habían huido. Encontró allí uno de los perros que nunca ladran. Halló redes° de hilo de palma,° cordeles,° anzuelos de cuerno° y arpones de hueso.° Navegó río arriba el Almirante, por un trecho,° y se vio la tierra más linda del mundo, con montes como los de Sicilia. Decían los indios que en esas islas había minas de oro y en sus aguas, conchas, que es señal de que hay perlas.

redes   nets
palma   palm
cordeles   ropes
anzuelos de cuerno   horn fishhooks
arpones de hueso   bone harpoons
trecho   short space, distance

Notas

1. Cabo Isleo is probably the northwest cape of Crooked Island.

2. The reptile was probably an iguana.

3. This is the first time that the island of Cuba is mentioned. "Cuba" is a native word. (See page 68, note 1.)

4. This is the first mention of Bohío (Haiti). *Bohío* meant "home" in that indigenous language. Columbus mistook the word.

5. Quisay is the city of Hangchou in Che-kiang province, China. Marco Polo described it as the most splendid in the world in his book *The Travels of Marco Polo*.

Preguntas

1. ¿Cómo se llama hoy la isla Saomete?

2. Describa el cabo Hermoso.

3. ¿Por qué tiene gran pena Colón?

4. ¿Por qué fue a buscar Colón al rey de la isla?

5. Cite alguna frase poética de Colón.

6. ¿Qué cree que era el reptil de siete palmos?

7. ¿Qué eran Colba y Bohío?

8. ¿Qué cree Colón que es Colba?

9. ¿Por qué, según Colón, poco oro les parecía mucho a los indios?

10. ¿Qué encontró Colón en la casa de los pescadores?

11. ¿Qué comparación hace Colón?

12. ¿Qué cosas de valor para llevar a España se mencionan en este capítulo?

13. ¿Cuánto tiempo tardó Colón en llegar a Cuba?

14. ¿Qué les dieron los indios a los españoles?

15. ¿Cómo ayudan los indios en las exploraciones de Colón?

Capítulo 15

HABÍA ÁRBOLES Y FRUTAS DE MARAVILLOSO SABOR

Lunes, 29 de octubre

Decían los indios que la isla de Cuba[1] era tan grande que no se podía navegar alrededor en canoa ni en 20 días. El Almirante pensó que sería como Sicilia. Decían además que había 10 grandes ríos, minas de oro, y perlas, y grandes naves del Kan ancladas en sus puertos. El Almirante y los suyos entonces empezaron su exploración.

Encontraron dos ríos, uno pequeño y otro grande.[2] Se exploró y se encontró una población, pero sus gentes habían huido. Sus casas eran muy grandes a manera de tiendas, y muy limpias. Eran fabricadas de palma. Se encontraron estatuas° en forma de mujeres, y caretas,° como las de carnaval, todas muy bien labradas. No sabía si eran de adorno,° o para adorarlas.° Había los perros que no ladran, había también avecitas domesticadas. Había avíos de pesca.° Los cristianos, siguiendo las órdenes del Almirante, no tocaron nada de ello. También estuvieron seguros de que había ganado° en Cuba, porque encontraron huesos que parecían ser de cabezas de vaca.[3] Había árboles y frutas de maravilloso sabor. De noche se escuchaba el cantar de los grillos° y esto encantaba a todos. El viento era fresco, ni frío ni caliente. Hallaron caracoles° grandes en la playa, pero dijeron que no tenían buen sabor como los de España.

estatuas statues
caretas masks

adorno ornament
para adorarlas to worship them
avíos de pesca fishing tackle
ganado cattle

grillos crickets
caracoles snails

Martes, 30 de octubre

Navegó el Almirante al noroeste y llegó a un cabo lleno de palmas. Decían los indios que desde ese punto a la ciudad de Cuba había cuatro días. Decían que ese rey estaba en guerra contra el Gran Kan, al que lo llamaban Cami. Ahora creía el Almirante que llegaría pronto a Catay, que es la ciudad del Gran Kan.

Miércoles, 31 de octubre y jueves, 1 de noviembre

El miércoles navegaron con dificultad por el viento contrario. Entonces regresaron al punto de partida° del día anterior. La gente que se vio no era la del Gran Kan. Eran los mismos nativos. Vinieron a las carabelas 16 canoas con algodón y otras cosas suyas para hacer trueque. Así pasaron todo el día. El Almirante no vio oro, al que ellos llamaban nucay. El Almirante, sin embargo, notó que uno de los indios tenía un pedazo de plata labrada colgado de la nariz. Pensó entonces que había plata en la isla. Dijeron los indios que dentro de tres días vendrían los mercaderes° de dentro de la isla a comprar de las cosas que traían los

punto de partida starting point

mercaderes merchants

cristianos. Dijeron también que habían enviado a muchos por toda la tierra haciéndoles saber de la venida del Almirante y su gente. El Almirante notó que todos los indios hablaban la misma lengua, tenían las mismas costumbres, y muchos se conocían entre sí. El Almirante escribió: "Estoy ante Zayto y Guinsay".[4]

Viernes, 2 de noviembre

El Almirante mandó a Luis de Torres, que había sido judío,[5] y que sabía hebreo, caldeo y algo de arábigo,° con un mensaje para el rey. Le mandó con dos indios, con cuentas de vidrio para comprar comida si les faltaba. Le dio también una muestra de especias para ver si las encontraba allí, y le dio un plazo° de seis días para que regresara. Le indicó cómo hablar de los Reyes de Castilla y cómo el Almirante los representaba, y le mandó al rey un regalo. El Almirante aquí calculó que había navegado 1,142 leguas desde la isla del Hierro.

arábigo Arabic

plazo time limit

Notas

1. Columbus heard from the Indians the name of "Cubanacan," which was a region of the island. It is easy to see that Columbus extracted the end of the word Cubanacan, "can," convinced that he was in the domain of the Great Khan (Kan). The name Cuba stayed in Spanish to identify the island.

2. They are likely "río Jururú" and "Puerto Gibara."

3. *hueso... vaca:* a manatee, according to Las Casas. Indeed, cattle were imported to the New World at a later date.

4. Zayto and Guinsay: Zaiton is Chang-chou in the present-day province of Fu-kien, China. This port was described by Marco Polo in his *Travels* as one of the two ports in the world with the biggest flow of merchandise. Columbus is sure that he is in China. Hispaniola, therefore, in Columbus's mind, would be Japan.

5. *...había sido judío.* After the fall of Granada in 1492, Fernando and Isabel expelled, for religious reasons, two of Spain's most productive classes, the Jews and the Moors. Jews and Moors were given an opportunity to convert to Christianity. "He had been a Jew" meant that Luis de Torres converted to Christianity. The *judíos conversos* (converted Jews) practiced Judaism in the privacy of

their homes. The Jews were the financial backbone of Spain, and together with the Jesuit Order of Catholic priests, were the intellectual elite.

Preguntas

1. ¿Cree que se pueda dar la vuelta alrededor de Cuba en 20 días, en canoa? ¿Por qué?

2. Según los indios, ¿qué podía encontrar Colón en Colba?

3. Describa las casas de este lugar.

4. Describa los animales que encontraron.

5. Según Colón, ¿para qué servirían las estatuas?

6. ¿Por qué ordenó Colón a los cristianos que no tocaran nada de los indios?

7. ¿Qué había de particular en las noches?

8. ¿Qué características similares tenían los indios?

9. ¿Por qué creyó el Almirante que finalmente llegaría a la ciudad del Gran Kan?

10. Según los indios, ¿cuándo habría una feria, y qué se comerciaría?

11. ¿Qué tenía que hacer Luis de Torres? ¿Por qué?

12. ¿Qué instrucciones dio Colón a los mensajeros que iban con Luis de Torres?

13. ¿Por qué era muy importante para Las Casas decir que Luis de Torres había sido judío?

14. ¿Qué calculó el Almirante?

Capítulo 16

LE DIJERON QUE HABÍA HOMBRES
CON UN SOLO OJO

Sábado, 3 a lunes, 12 de noviembre

Vinieron aquel día muchas canoas a regatear° algodón hilado y hama-
cas° de red que son donde ellos duermen. El Almirante fue a cazar
aves. Cuando regresó, fue a él Martín Alonso Pinzón a informarle que
había canela° en la isla. El Almirante mostró a los indios canela y
pimienta. Los indios reconocieron la pimienta. El Almirante les mostró oro y perlas, y unos indios viejos dijeron que en un lugar llamado
Bohío había gran cantidad y que la gente los usaba en los cuellos y las
orejas, en los brazos y en las piernas. El Almirante entendió más. Le
dijeron que al sudeste había grandes barcos y mercaderías. Además
le dijeron que había una raza de hombres con un solo ojo. También le
dijeron que había otra raza de hombres con hocicos° de perro[1] que
comían a otros hombres. El Almirante decidió esperar a su intérprete
Luis de Torres, para navegar hacia esas tierras. El Almirante vio mucho
algodón, lináloe,° almáciga°[2] y otros vegetales, entre ellos el ají.° Observó que la gente era muy mansa y temerosa,° sin armas y sin ley.°

Regresó Luis de Torres y dijo que habían encontrado un pueblo de
unas 50 casas, como los otros, y que los habían recibido muy bien. Les
dieron de comer y les besaron los pies y las manos, porque creían que
venían del cielo. Les mostraron la pimienta y la canela y ellos dijeron
que había mucha, pero no allí. Como no encontraron al rey, decidieron regresar. Encontraron en el camino a hombres y mujeres que llevaban tizones° en una mano y hierbas que las fumaban° con la otra.[3]
Vieron muchas aves, pero no vieron bestias° salvo los perros que no
ladraban. Comentó el Almirante que el algodón era de muy buena calidad y veía sus posibilidades de alta producción.

El 12 de noviembre salió el Almirante hacia una isla que llamaban
Babeque donde decían que la gente cogía oro en la noche con can-
delas en la playa y luego lo martillaban para hacer lingotes de oro.
Encontró un río a ocho leguas[4] y después de otras cuatro leguas, encontró otro río. No se detuvo porque el viento era bueno para ir a la
isla de Babeque.

Escribe Colón a los Reyes: "Ayer vinieron seis jóvenes en una canoa
y capturé a cinco para traerlos a donde sus Mercedes a España. También capturé a siete mujeres, entre niñas y jóvenes, para que los nativos se porten° mejor. Los hombres se portan mejor cuando hay
mujeres presentes. Además las mujeres podrían hacer mucho para en-

regatear to haggle
hamacas hammocks

canela cinnamon

hocicos snouts

lináloe aloe
almáciga mastic (resin)
ají red pepper
mansa y temerosa docile
 and fearful
ley law

tizones hot coals
las fumaban they smoked
 them
bestias animals, wild
 animals

se porten behave

señar su lengua a nuestros hombres.[5] Un indio de unos 45 años vino a la carabela y pidió ir con nosotros porque su mujer y tres hijos estaban aquí. Ellos se consolaron muy felices".

No navegó hacia el norte el Almirante porque era invierno, hacía algo de frío y era mal tiempo para descubrir.

Martes, 13 a sábado, 17 de noviembre

Esa noche el Almirante escribió que vio unas grandísimas montañas hermosas y claras, sin niebla ni nieve. Creía que tal vez eran las más altas del mundo, las que se veían en los mapas del mundo al fin del oriente. Notó que las montañas se apartaban entre la tierra de Bohío y de Cuba, y determinó que eran dos diferentes grandes islas. Eso decían los indios. Dijo que creía que había oro, piedras preciosas y especias en esas montañas. Llamó a este lugar mar de Nuestra Señora. Sobre las montañas dijo que algunas tenían puntas como de diamante, otras de gran altura tenían como una mesa en su cima, todas llenas de árboles, y el agua a su pie era muy profunda.° El Almirante exploró y encontró muchísima almáciga y lináloe. Vio un lugar con un rincón° muy bonito donde podían estar hasta seis navíos sin anclas como en una sala. Al regresar a la nave, vio que los indios sacaban caracoles[6] muy grandes del mar. Hizo buscar nácar° y perlas en esas conchas, pero no las encontraron. El Almirante creyó que no era tiempo, que debía ser en mayo o en junio. Los marineros hallaron un animal que parecía taso.[7] Pescaron con redes y hallaron un pez que parecía puerco,[8] cubierto todo de concha, lo único blando eran sus ojos y su cola. Lo mandó a salar[9] para que lo vieran los Reyes. Exploró otras islas donde encontró agua dulce y muy fría que venía de las montañas. De los seis jóvenes que capturó, huyeron los dos mayores.

profunda deep

rincón secluded place

nácar mother-of-pearl

Notas

1. The idea of the cyclops and of Anubis, a god with the head of a jackal (found in Egyptian tombs), may have somehow infiltrated into these islands. According to Egyptian beliefs, Anubis led the dead to their judgment.

2. Mastic was an aromatic gum of great value at the time.

3. This is the first account of smoking tobacco by the natives. Las Casas said that tobacco drugs the body and keeps the Indians from feeling tired. He also said the Spaniards quickly acquired the habit and became addicted.

4. Today it is the Bahía de Tánamo.

5. It is interesting to note that Columbus understood that language is learned from women.

6. The natives were probably catching conch (a very large shell mollusk), which is common in this area.

7. This rodent is called *jutía* and can be found in the Antilles and Venezuela. It looks like a rat.

8. This is likely a trunkfish or cofferfish.

9. Salting is a method used to preserve meat or fish for long periods of time.

Preguntas

1. ¿Cómo se enterarían los indios que a los cristianos les gustaba regatear?

2. ¿En qué dormían los indios?

3. ¿Qué fue lo primero que hizo Colón el 3 de noviembre?

4. ¿Qué especias reconocieron los indios?

5. ¿Qué informaron los indios al Almirante cuando éste les mostró las perlas y el oro?

6. ¿Qué había al sudeste?

7. Dé su opinión acerca de la probable relación entre: *a)* los hombres con hocico de perro y Egipto; *b)* los hombres con un solo ojo en la frente (cíclopes) y la mitología.

8. ¿Qué vio y qué concluyó el Almirante?

9. ¿Qué reportó Luis de Torres a Colón?

10. En este capítulo se da la primera noticia de que los indios fumaban. ¿Qué dice Las Casas sobre esto?

11. ¿Qué opina el Almirante sobre el algodón?

12. ¿Qué se decía acerca de cómo cogían el oro y para qué lo utilizaban los nativos de la isla de Babeque? ¿Por qué lo cogían en la noche?

13. Dé dos razones por las cuales capturó Colón a mujeres para llevarlas a España.

14. ¿Por qué no quería Colón navegar hacia el norte?

15. ¿Qué vio una noche Colón? ¿Dónde estaba? ¿Cómo llamó a ese lugar?

16. ¿Por qué no encontraron ni nácar ni perlas en los grandes caracoles, según el Almirante?

17. ¿Qué criaturas extrañas encontraron en ese lugar?

18. ¿Quiénes huyeron?

Capítulo 17

VIO EN EL ARROYO° PIEDRAS DE ORO QUE RELUCÍAN

arroyo stream

Domingo, 18 a sábado, 24 de noviembre

El miércoles 21 Martín Alonso Pinzón partió en la *Pinta*, sin permiso del Almirante, y fue a buscar mucho oro que le había prometido un indio que el Almirante le había puesto en la carabela. El Almirante dijo aquí que Martín Alonso le había hecho y dicho muchas otras.° Martín Alonso iba a la isla Babeque. El Almirante lo vio a 16 millas de distancia e hizo prender un farol° porque le pareció que Martín Alonso venía hacia él.

muchas otras put one over on him many times

farol light

Al día siguiente navegó al sur, a la isla que llaman Bohío, que es muy grande. Dicen que allí había gente que tenía un ojo en la frente y otros seres que se llamaban caníbales. Los indios los temían mucho. Cuando la *Santa María* se enrumbó hacia Bohío, los indios mostraron gran pavor° de ser devorados.° El Almirante dijo que esa gente debía

pavor fear
devorados eaten

beligerante warlike

ser inteligente porque era beligerante,° y se interesó aún más en ir a esa tierra.

Domingo, 25 de noviembre

El Almirante fue a ver un cabo donde le parecía que debía haber un buen río.[1] Vio entonces un gran arroyo que descendía de las montañas con gran ruido. Fue al arroyo y vio en él unas piedras que relucían de color de oro.[2] Mandó recoger algunas piedras para llevar a los Reyes. Mientras tanto, unos mozos de las carabelas dieron voces diciendo que veían pinares° en las sierras. El Almirante los vio tan grandes y maravillosos que pensó que se podría fabricar con ellos naves tan buenas como las de España. Vio robles° y madroños° y un buen río donde podría ponerse una sierra de agua° para cortar y preparar la madera. Fue por la playa y allí encontró piedras, que decían que eran de plata, traídas por el río. Allí preparó un mástil nuevo para la *Niña*.

pinares pine forests

robles oak trees
madroños strawberry trees
sierra de agua water sawmill

Luego llegó a la boca de un río, al pie de ese cabo y encontró una parte grande y honda° donde cabrían 100 naves.[3] El Almirante se alegró mucho de ver que se podía hacer navíos en ese lugar. Dijo que las sierras estaban llenas de pinos y que ese lugar tenía todo lo que se necesitaba. Dijo también que había tantas y tan maravillosas cosas que había que ver para creer.°

honda deep

Dijo también que creía que mentían los indios que decían que había una raza de hombres armados, con cara de perro y que tenían un solo ojo. Dedujo que eran súbditos del Gran Kan.

ver para creer to see to believe

Martes, 27 de noviembre

Llegó el Almirante a una bahía y a un lugar singularísimo,° lleno de montes bajos y de valles verdes y bellísimos,[4] muy labrados. Había muchos riachuelos que venían de las montañas. El Almirante ancló la *Santa María* y fue en una nave para sondear° el puerto que era como una escudilla.° En seguida, el Almirante escribió a los Reyes que los nativos no entendían su lengua ni él los entendía; aún más, dijo que no se fiaba° de ellos porque querían huir. Certificó a sus soberanos° que ésa era la mejor tierra del mundo, con grandes posibilidades. Dijo que sus ríos eran de aguas buenas y no eran pestilentes como los ríos de Guinea. Notificó a los monarcas que ninguno de sus tripulantes se había enfermado, con excepción de un viejo con cálculos en el riñón° que los pasó sin problema. El Almirante aconsejó a los Reyes que no permitieran que pusiera pie ningún extranjero° en esas islas, sino que fuera todo para los católicos españoles. Ése, dijo el Almirante, era el lugar para establecer una villa con su fortaleza,° porque tenía buen puerto, buenas aguas, buenas tierras, buenas comarcas° y mucha leña.

singularísimo very special

sondear to take soundings
escudilla cup or soup bowl
se fiaba trusted
soberanos sovereigns, rulers

cálculos en el riñón kidney stones

extranjero foreigner

fortaleza fortress
comarcas boundaries

Notas

1. Today this cape is called Punta de Mangle.

2. He found fool's gold or pyrites ... or real gold.

3. This is present-day Punta Guarico.

4. This is Puerto Santo.

Preguntas

1. ¿Qué hizo Martín Alonso Pinzón, sin permiso del Almirante, el 21 de noviembre? ¿Por qué?

2. ¿De qué se quejaba el Almirante?

3. ¿Quiénes eran los caníbales?

4. ¿Por qué tenían gran pavor los indios cuando la *Santa María* se enrumbó hacia Bohío?

5. ¿Qué deduce el Almirante sobre la inteligencia?

6. ¿Qué quería hacer Colón con los maravillosos pinos?

7. ¿Dónde montaría Colón una sierra de agua?

8. ¿De qué se alegró el Almirante?

9. ¿Quiénes cree Colón que sean las criaturas temidas por los indios?

10. ¿Cómo reparó el Almirante la *Santa María*?

11. ¿Qué comparación hace Colón con Guinea?

12. ¿Por qué razón creía el Almirante que sus marineros no se habían enfermado?

13. ¿Quién fue el único de su tripulación que se enfermó, y cómo sanó?

14. ¿Qué pidió el Almirante a Sus Majestades? ¿Por qué?

15. ¿Qué características adecuadas tenía esa tierra para establecer una fortaleza?

16. ¿Cuál es la principal diferencia entre estos indios y los demás?

Capítulo 18

TRAJERON PAPAGAYOS AL ALMIRANTE

Miércoles, 28 de noviembre a lunes, 3 de diciembre

Salió la tripulación de las naves a lavar su ropa en los ríos y hallaron grandes poblaciones, pero sus habitantes habían huido. En una casa hallaron una **bola de cera**,° y el Almirante la guardó para los Reyes y dijo que donde había cera debía de haber miles de cosas buenas. También hallaron en una casa un cestillo con la cabeza de un hombre. Exploraron para ver si hablaban la misma lengua que los otros indios pero todos habían huido. Vieron la canoa más grande, que era para 150 personas.

Exploraron una **altiplanicie**° y vieron **plantíos**° de calabazas y otras cosas. Llegaron al centro de una villa y todos los nativos huyeron. El indio que llevaban como intérprete, a grandes voces le dijo que era gente buena. El Almirante ordenó que se les diera cascabeles y sortijas de latón. El Almirante aseguró a los monarcas que 10 españoles eran suficientes para hacer huir a diez mil indios, porque eran **cobardes y temerosos**° y no tenían armas.

Mandó luego el Almirante a unos de sus hombres a recoger un gran **colmenar**° que vio. Al regresar a las carabelas vieron que venía una gran multitud de indios en sus canoas. Uno de ellos le hizo un gran discurso al Almirante, que él no entendió, y de cuando en cuando los indios alzaban sus brazos al cielo y daban grandes voces. El Almirante creía que era todo por el placer de su visita. Pero entonces llegó un indio, con la **cara demudada**,° y le dijo que debía partir porque los indios iban a matarlo. Entonces el Almirante les mostró una **ballesta**° y **desenvainó**° su espada y todos los indios huyeron. El Almirante luego les hizo trueque de cascabeles, sortijas de latón y otras cosas por sus lanzas. Ellos lo hicieron con gusto porque creían que venían del cielo.

El Almirante vio una casa maravillosa y creyó que era un templo, pero no lo era.

bola de cera ball of wax

altiplanicie high plateau
plantíos fields

cobardes y temerosos cowardly and timid

colmenar beehive

cara demudada face pale, altered with fear
ballesta crossbow
desenvainó unsheathed

Hizo poner una gran cruz en un promontorio en señal de que los Reyes tendrían la tierra por suya y principalmente por señal de Jesucristo... y honra de la cristiandad.

Martes, 4 a martes, 11 de diciembre

Una vez más el Almirante y los suyos se hicieron al mar y el 5 de diciembre vieron que al sudeste había una isla muy grande. Ésta era la isla cuyos habitantes temían los de Cuba, porque decían que tenían un ojo en la frente, y otros tenían la cara de perro y eran caníbales. Colón no creyó eso esta vez. Los indios que llevaba el Almirante se sentían muy tristes y querían regresar a sus islas. El Almirante pensó que luego de explorar la isla los llevaría de vuelta a sus hogares. Ellos no se confiaban de él, porque sabían que navegaba hacia la isla que tanto temían. El Almirante dijo que no creía lo que decían ni les entendía.

abertura   opening

cebada   barley

Encontró el Almirante una tierra con montañas muy altas, como las de Castilla, y entre ellas una abertura° por la cual descubrió un valle muy grande sembrado como de cebada.° Entonces vio una bahía muy grande.[1] El tiempo y los vientos estaban contrarios, como el invierno en Castilla en octubre. Entonces el Almirante decidió entrar en la bahía y la llamó puerto de la Concepción. Los marineros pescaron peces

lisas   mullets
lenguados   flounder
albures   dace
salmones   salmon
pijotas   hake (a type of fish related to the cod)
gallos   dory (a type of fish)
pámpanos   salp (a type of fish)
corbinas   congers (a type of eel)
camarones   shrimp
promontorio   hill

como los de Castilla y reconocieron lisas,° lenguados,° albures,° salmones,° pijotas,° gallos,° pámpanos,° corbinas,° camarones,° y vieron sardinas.

El Almirante envió gente a tierra y encontraron mucha almáciga, pero no se había formado todavía.

Jueves, 13 de diciembre

No partió el Almirante por la misma razón: mal tiempo y vientos contrarios. Hizo poner una gran cruz en un promontorio° en señal de que los Reyes tendrían la tierra por suya y principalmente por señal de Jesucristo, Nuestro Señor y honra de la cristiandad.

tierra adentro   inland

Tres marineros fueron tierra adentro° a ver los árboles y las hierbas. Escucharon un gran ruido de gente y vieron que eran como los que habían visto antes, todos desnudos. Los llamaron, pero los indios huyeron. Capturaron, sin embargo, a una mujer muy joven y muy hermosa. La llevaron a la carabela y ella habló con los indios, porque todos hablaban la misma lengua. El Almirante la hizo vestir y le dio cuentas de vidrio, cascabeles, sortijas de latón y la envió a tierra muy

honradamente   with her honor intact

honradamente.°[2] Mandó a varios marineros y tres indios para que hablaran con aquella gente. Al regresar los marineros dijeron que la muchacha no quería ir donde los suyos sino quedarse con las mujeres en la *Santa María*. En fin, vinieron esos indios con aquella india y al

medrosos   fearful

ver las carabelas huyeron medrosos.° Ella se quedó y mostró a los del Almirante dónde estaba su población. Ella traía en su nariz un pedacito de oro, señal de que había oro en esa isla. La población era de mil casas y más de tres mil hombres. El indio que llevaban los cristianos corrió detrás de ellos y les aseguró que los cristianos no eran de Cariba sino del cielo y que daban muchas cosas hermosas a los que hallaban.

Vinieron con el indio más de 2 mil de ellos, y les ponían las manos sobre la cabeza[3] como señal de reverencia y amistad. Entonces iban a sus casas y traían de lo que tenían de comer que es pan de niames[4] (que tiene sabor a castañas°) y pescado. También le trajeron papagayos al Almirante porque el indio que fue con ellos les dijo eso. Entonces vieron que venía una gran multitud de gente con el marido de la mujer que honró el Almirante. Venían a honrar al Almirante. Dijeron los cristianos que esa gente era la mejor hasta entonces. Vieron a unas dos mujeres que eran tan blancas como las de España. Las tierras eran bellas, mucha agua, muchos árboles con fruta. Vieron muchos almácigos, lináloe y algodonales.° Cantaban los ruiseñores,[5] pero no encontraron oro.

castañas   chestnuts

algodonales   cotton fields

Notas

1. Today it is Baie des Moustiques in Haiti.

2. Columbus maintains a strict moral code for himself and all his men.

3. The Indians placed their hands on top of the heads of the Christians as a sign of friendship.

4. *pan de niames:* a bread made of large roots similar to radishes. The name *ñame* (yam) is the Spanish spelling for the Portuguese *nhame* (a plant found in Guinea). Columbus uses indistinctively the names *ñame* and *aje* for the cassava (yucca) plant.

5. There were no nightingales on the new continent; perhaps they were listening to mockingbirds.

Preguntas

1. ¿A qué fueron los marineros a los ríos?

2. ¿Qué encontraron los españoles? ¿Dónde estaban los indios?

3. Según Colón, ¿cuál es el significado de la bola de cera?

4. ¿Qué aseguró el Almirante a los monarcas? ¿Por qué?

5. ¿En realidad, qué tipo de discurso hacía un indio al Almirante? ¿Qué creía Colón?

6. ¿Cómo intimidó el Almirante a los indios?

7. ¿De dónde creían los indios que venían los cristianos?

8. ¿Cómo se sentían los indios prisioneros? ¿Qué les prometió el Almirante?

9. ¿Qué pescaron los marineros en el puerto de la Concepción?

10. ¿Por qué hizo poner el Almirante una gran cruz en un promontorio?

11. ¿Cómo eran los indios de este lugar?

12. ¿Qué hicieron los indios? ¿Qué señal había de la existencia de oro en ese lugar?

13. ¿Cuántos habitantes tenía esa ciudad?

14. ¿Quiénes creían los indios que eran los españoles?

15. ¿Cuál era la señal de reverencia y amistad que hacían los indios a los españoles?

16. ¿Cómo sabían los indios que al Almirante le gustaban los papagayos?

17. Según los españoles, ¿cuál era la mejor gente hasta entonces?

18. ¿Cree posible que las dos mujeres blancas hayan sido descendientes de algún marinero del norte de Europa?

Capítulo 19

DIJERON QUE VENÍAN DEL CIELO
Y QUE BUSCABAN ORO

Sábado, 15 de diciembre

Navegó entonces el Almirante al noreste, pero por los vientos contrarios no pudo seguir hacia la isla de Babeque y regresó al Puerto de la Concepción. Al día siguiente salió y el viento contrario lo llevó a la isla Tortuga que es alta pero no montañosa, donde encontró un lugar con tres ríos. Halló una boca de río que era muy recia° y mandó el Almirante a echar la sirga° de las barcas, y tirando° los marineros llegaron a dos tiros de lombarda,°[1] y no pudo más por lo recio de la corriente.° El Almirante quería ver los pueblos que allí había. La gente huyó y el Almirante dijo que debía ser muy cazada.°[2] Puso al río por nombre Guadalquivir[3] porque sus riberas° y playas muy hermosas son como las del Guadalquivir por Córdoba.

recia fast flowing
echar la sirga to throw the line (to shore)
tirando pulling
tiros de lombarda cannon shot
recio de la corriente speed of the current
cazada hunted down
riberas shores

Domingo, 16 de diciembre

Salió a medianoche el Almirante de ese golfo y en medio de un gran viento halló a un indio en una canoa y se maravilló como el indio podía sostenerse° en ese viento. Lo hizo meter en la *Santa María* con su canoa y le halagó° dándole cuentas de vidrio, cascabeles y sortijas de latón. Lo llevó luego a una población junto al mar que parecía muy nueva. El indio fue y dijo que los cristianos eran buena gente, y vinieron luego más de 500 a la playa, con uno que era su rey. Luego venían uno por uno a la *Santa María* y todos tenían granos de oro finísimo en las orejas y en la nariz, y se lo daban de buena gana.° El Almirante mandó a hacer honra, diciendo que "Son la mejor gente del mundo, y más mansa, y serán para nuestros Reyes y los harán a todos cristianos".

sostenerse keep himself up
halagó flattered

de buena gana with pleasure

Vio el Almirante que al rey, que era un joven de unos veintiún años, le hacían honores todos. El rey tenía un ayo° viejo y otros consejeros que hablaban por él. Él hablaba muy poco. El Almirante mandó a uno de los indios que le dijera al rey que venían del cielo y que buscaban oro. Entonces el Almirante mandó a su alguacil[4] con un regalo para el rey, diciéndole que andaban en busca del oro de la isla de Babeque. El rey le enseñó al alguacil la ruta y le dijo que llegaría allí en dos días, y les ofreció dar de todo lo que sería menester.° El Almirante comentó que la gente de ese lugar era casi blanca, y si se vistiera y protegiera de los rayos del sol, sería casi como la gente de España.

ayo tutor

sería menester whatever they would need

En la tarde fue el rey a la *Santa María*. El Almirante le hizo honra y le habló de los reyes de Castilla por medio de los intérpretes indios. Mas ni los intérpretes ni el rey lo creían. Creyeron que el Almirante y los suyos venían del cielo.

Al día siguiente fueron algunos cristianos al pueblo y hablaron con unos indios quienes les mostraron unas lanzas que decían que eran de los caníbales. Les mostraron también cicatrices que decían ser mordidas° de los caníbales. El Almirante no lo creyó. También vieron a uno que el Almirante decía que era gobernador. Lo llamaban cacique.°⁵ Él tenía un pedazo de oro grande que lo cortaba en pedazos pequeños para regatear con los españoles.

mordidas bites

cacique chieftain

Martes, 18 de diciembre

Al amanecer se celebró la conmemoración de la Anunciación.⁶ Las carabelas se ataviaron° con armas y banderas. Se dispararon muchos tiros de lombarda. El rey había prometido traer oro, pero el Almirante sabía que allí no había minas, pero quería saber más sobre dónde había oro. El rey vino muy temprano llevado en unas andas° con 200 indios.

se ataviaron they decorated themselves

andas litters

Cuando el Almirante estaba comiendo bajo el castillo de popa° de la *Santa María,* llegó el rey y su ayo, consejeros y muchos hombres. Informó entonces el Almirante a los Reyes: "Estando yo comiendo, vino el rey y se sentó a mi lado. Mandé que le trajesen comida. Cuando la trajeron, él tomaba como para probarla y luego mandaba a sus hombres, quienes la comían muy a su gusto. Lo mismo hizo el rey con la bebida, la subió a sus labios y luego se la dio a su ayo y consejeros, todo con gran pompa y circunstancia, sin decir palabra. Después de comer mandó a un paje° suyo que trajera un cinturón, que es como los de Castilla pero de diferente estilo, y me lo dio. También me dio dos pedazos de oro labrado muy delgado, porque creo que no tienen aquí mucho oro.

castillo de popa quarterdeck (in the stern)

paje page (someone who runs errands)

"Yo le regalé un tapiz° que tenía sobre mi cama, que vi que le gustaba. También le di unas cuentas de ámbar, unos zapatos rojos y una botella de colonia de azahar.° Le mostré las banderas reales y las otras de la cruz. Pasaron otras cosas pero yo no entendía la lengua de ellos. Finalmente quedó tan contento el rey que fue una maravilla. Subió en sus andas y se fue con todos sus hombres, y su hijo iba en los hombros de otro hombre". Allí supo el Almirante que ellos llamaban cacique a su rey.

tapiz tapestry

azahar orange blossom

Ese día consiguió el Almirante poco oro, pero escuchó a un hombre viejo que decía que había una isla toda de oro, y que era de tan buena calidad que lo cernían con cedazos,° y lo fundían en barras y otras figuras. El viejo señaló al Almirante donde estaba ese lugar. El Almirante lo creyó, porque el viejo era persona muy principal.°

cernían con cedazos sifted with strainers

principal important person

Notas

1. *Tiro de lombarda* was the distance of a cannon shot, about 500 yards.

2. Notice the mind-set of the Europeans of the time. They think in terms of people being hunted down, as slaves or for food, for example.

3. Today, Les Trois Riviers.

4. *alguacil:* his name was Diego de Arana.

5. The island was divided into five districts, each with its own cacique or chieftain. The name of this cacique was Guacanagari (*30 de diciembre*).

6. Traditionally, Catholics celebrate Annunciation Day on December 18. It commemorates the day that the angel St. Gabriel announced to the Virgin Mary that she would bear the Child Jesus.

Preguntas

1. ¿Por qué regresó el Almirante al Puerto de la Concepción?

2. ¿Cómo era la isla Tortuga?

3. ¿Cómo penetraron aproximadamente media milla por el río de la isla Tortuga?

4. ¿Por qué dice el Almirante que la gente de allí debía ser muy cazada?

5. ¿Por qué Colón llamó Guadalquivir a ese río?

6. ¿Qué encontró el Almirante en medio de un gran viento y qué hizo?

7. ¿Qué resultado tuvo en el indio el buen trato del Almirante?

8. ¿Cómo era el joven rey?

9. ¿Qué mentira le mandó decir el Almirante al joven rey?

10. ¿Qué contestó el rey?

11. Colón trató de corregir su mentira. ¿Por qué no le creyeron los indios?

12. ¿Por qué no creyó Colón que las cicatrices que le mostraban los indios fueran de las mordidas de los caníbales?

13. ¿Cree que la verdad y la mentira sean relativas en su cultura? ¿Hay ejemplos de mentiras que sean aceptables en la cultura de Estados Unidos?

14. ¿Era el cacique un buen comerciante? ¿Por qué?

15. ¿Qué hicieron los españoles el día de la Anunciación?

16. ¿Cómo llegó el rey de los indios?

17. ¿Cómo comía el rey en el castillo de popa?

18. ¿Qué regalos le hizo a Colón el rey indio?

19. ¿Qué regalos hizo Colón al joven rey cacique?

20. ¿Qué les informó un hombre viejo? ¿Creyó Colón esta vez lo que le decían? ¿Por qué?

Capítulo 20

DABAN DE CORAZÓN EL ORO QUE TENÍAN

Viernes, 21 de diciembre

contiguas next to, contiguous

septentrión North (the cardinal point)

Salió el Almirante de la isla de Santo Tomás a ver otras islas contiguas.° Encontró un puerto que dijo que era el mejor de todos los mejores. Dijo además que desde Guinea hasta el camino del septentrión° que es Inglaterra,[1] nunca vio nada igual en los 23 años que había navegado. Dijo que ése era una perfección de puerto. Aseguró que allí cabrían todas las naves del mundo. Esa noche vinieron a las naves en una canoa ciertos indios que se maravillaron de todo lo que vieron. Hicieron trueque y se fueron muy contentos. En la mañana fue el

Almirante en las barcas cerca de la playa y vinieron muchos indios que se mostraban temerosos. Luego perdieron el miedo y vinieron tantos que cubrían la playa dando gracias al cielo. Corrían hombres, mujeres y niños y les traían pan de niames, agua en calabazas y en cántaros de barro, y daban, de corazón, los pedazos de oro que tenían. Escribió el Almirante que esa gente no tenía ni lanzas ni otra arma. Todos andaban desnudos. En este lugar los hombres no escondían a sus mujeres, por celos. Anotó el Almirante que vio cuerpos muy lindos de mujeres.[2] Ellas traían cuanto tenían, en especial cosas de comer, pan de ajes° y gonza avellanada[3] y cinco o seis variedades de fruta. El Almirante tenía ordenado a todos sus tripulantes que no ofendieran a ninguno ni tomaran nada contra su voluntad. El Almirante dijo que era la gente más buena y más generosa que había visto hasta entonces.

ajes cassavas

Vinieron mensajeros de otros caciques de la isla a invitar al Almirante a que visitara a sus señores. Cuando el Almirante llegó donde estaba uno de los señores, éste mandó comida a las naves del Almirante. El Almirante les hizo mucho honor. Otro cacique que esperaba en una canoa muy grande, a media legua, a las naves del Almirante, se había tornado.° El Almirante mandó a varios de los suyos a preguntarle sobre las islas y a hacerle honor. El cacique les prometió grandes pedazos de oro y les llevó a su pueblo, pero no pudieron llegar porque había que pasar nadando un gran río y los españoles no pudieron nadar.

tornado returned

El Almirante consideró esta bahía como el mejor puerto del mundo, porque estaba protegida por un arrecife° que tenía una pequeña entrada muy honda. A este puerto lo llamó mar de Santo Tomás.

arrecife coral reef

Sábado, 22 de diciembre

El Almirante quiso partir, pero debido a los vientos contrarios, no pudo. Un cacique mandó en una gran canoa llena de gente con su criado principal a invitar al Almirante para que fuera con sus naves al dominio de éste. Le prometió dar de todo lo que quisiera. Éste le mandó al Almirante como regalo un cinturón que tenía una máscara con la nariz, la lengua y dos orejas grandes de oro. Estos nuevos indios hablaban una lengua diferente. Demoraron casi medio día en comunicarse con los intérpretes indios del Almirante.[4] Esa tarde mandó el Almirante a su escribano° con cinco hombres a visitar al cacique del día anterior, que había prometido oro. Fueron y éste les regaló tres gansos° muy gordos y unos pedacitos de oro.

escribano notary

gansos geese

El Almirante comentó que los españoles eran muy codiciosos y que sacaban ventaja de los indios. Ordenó una vez más que no se tomara nada de ellos, aunque era gente muy generosa. Ese día fueron más de ciento veinte canoas a las carabelas, llevando regalos de pan, agua, pescado, semillas y buenas especias. También llevaron un grano que se ponía en agua y se la bebían. Decían que era cosa muy sana.°[5]

sana healthy

Notas

1. Columbus had indeed been to England.

2. This is the first and only time that the Admiral comments on the female body. Later on he finds three mermaids and writes that they were not as beautiful as they were famed to be (manatees ... see entry for Jan. 8, 1493).

3. *gonza avellanada:* dried nut, or peanut, which they called *maní.*

4. Columbus notices the crossing of a linguistic boundary.

5. This is perhaps a reference to cocoa (Aztec: *choquatl,* thus chocolate).

Preguntas

1. ¿Qué vio en los días siguientes el Almirante?

2. ¿Qué le pesaba al Almirante? ¿Qué anotó en su diario?

3. ¿Cuál era la táctica que usaba el Almirante con los indios?

4. Según Colón, ¿cómo es el puerto mejor de los mejores?

5. ¿Cómo se sabe que Colón había estado en Inglaterra?

6. ¿Qué hicieron los indios cuando perdieron el miedo?

7. ¿Cómo eran las mujeres de aquel lugar? ¿Qué traían a las carabelas?

8. ¿Qué mensajes trajeron al Almirante?

9. ¿Qué mandó el cacique al Almirante? ¿Qué mandó el Almirante a otro cacique?

10. ¿Qué prometió el cacique?

11. ¿Por qué no pudieron llegar al pueblo los españoles? ¿Por qué cree que los españoles no podían nadar para cruzar el río?

12. ¿Qué dijo el Almirante sobre el mar de Santo Tomás?

13. ¿Qué mandó el cacique? ¿Qué regalo mandó al Almirante?

14. ¿Cómo era la lengua de estos nuevos indios?

15. ¿Qué regaló a los cristianos el cacique?

16. ¿Qué crítica hace el Almirante de los españoles? ¿Qué ordenó una vez más?

17. ¿Cuántas canoas fueron ese día a las carabelas? ¿Qué traían?

18. ¿Qué podría haber sido el grano que se ponía en el agua?

Capítulo 21

LAS CORRIENTES LLEVARON A LA *SANTA MARÍA* A ENCALLARSE°

encallarse to run aground

Domingo, 23 de diciembre

El Almirante no pudo ir a la tierra del cacique que lo había invitado, por la falta de viento. Mandó a su escribano y a alguna gente a que se disculparan con aquel cacique. Mientras tanto, mandó a dos de los indios que tenía consigo a las poblaciones vecinas. Regresaron con un señor que decía que allí en la isla Española había gran cantidad de oro y que allí venían de todas partes a comprarlo. Dijeron que allí había cuanto quisiera el Almirante. Le mostraban cómo lo obtenían. El Almirante tenía mucha dificultad de entenderles. Pero el Almirante tuvo por cierto que allí había gran cantidad de oro, porque en los tres días que había estado allí le habían traído grandes pedazos.

Ese día vinieron en sus canoas a las carabelas cinco caciques, con sus familias, y más de 500 indios nadaron a ellas, a pesar de que estaban a una legua de distancia de la playa. A todos daba algo el Almirante, porque decía que era bien empleado.°

bien empleado good investment

Regresó el escribano y los hombres y reportaron que habían encontrado el pueblo más organizado de todos hasta entonces. Tenía calles bien trazadas y era muy grande. Vieron a más de dos mil hombres allí y todos les hicieron honores y querían venir a ver a los cristianos. Les dieron paños de algodón, papagayos y pedazos de oro.

Lunes, 24 de diciembre

Levantó el ancla el Almirante y pidió a un indio, que era muy alegre, que le enseñara dónde estaban las minas de oro. Éste trajo a otro con él y fueron gustosos. Dijeron que el oro venía de Cipango, pero ellos lo llamaban Cibao.[1]

Martes, 25 de diciembre

Serían las once de la noche cuando el Almirante, que no había dormido por más de dos días, decidió ir a descansar. Ya que el mar estaba en calma, el marinero al timón decidió también ir a dormir. Dejó el timón a cargo de un muchacho, a pesar de que el Almirante había prohibido que tal cosa se hiciera. El Almirante se había asegurado que no hubiera bajos ni arrecifes en estos lugares, ya que sus barcas habían explorado estas aguas previamente. A las 12 de la noche la tripulación también decidió ir a dormir, porque veían el mar tan calmado y sin viento. Las corrientes llevaron a la *Santa María,* sin hacer sonido, a encallarse en la arena. El Almirante saltó de su cabina y ordenó que tirasen el bote de popa y fueran con una ancla a remar y halar a la *Santa María.* Muchos saltaron al bote, y el Almirante pensó que hacían lo que él mandaba. La verdad es que huían hacia la *Niña* que estaba a media legua de distancia. Los de la *Niña,* por buena razón, no los quisieron recibir. Ellos entonces regresaron a la *Santa María.*

Cuando el Almirante vio que su tripulación huía, mandó cortar el mástil y tirar fuera de borda todo lo pesado. Bajaba la marea y la *Santa María* quedó de través° contra el mar, aunque la marea estaba baja. Los conventos° de la *Santa María* se abrieron, aunque ella quedó de una pieza.° El Almirante se quedó despierto toda la noche tratando de salvar todo lo posible.

El Almirante envió a Diego de Arana, el alguacil de la armada, y a Pedro Gutiérrez, el repostero de la Casa Real, a informar del desastre al rey que les había invitado el sábado anterior. Su villa estaba a una legua y media de ese arrecife. Dicen que al saberlo el rey lloró y mandó a toda su gente con canoas a descargar la *Santa María.* Y así se hizo en muy breve° espacio. El mismo rey y su familia ayudaron en el rescate y guardaron las posesiones de la nave. El rey le decía al Almirante que no tuviera pena, que él le daría todo lo que necesitara. El Almirante dijo que en ninguna parte en Castilla harían así, sin que les faltara ni siquiera una agujeta.° Pusieron todo en las casas proporcionadas por el rey. Pusieron guardas armados a cuidar todo.

de través broadside
conventos seams
de una pieza in one piece

breve brief

agujeta needle

Nota

1. The Cibao was the primary gold-bearing area of Hispaniola. It was located in the central highlands, but Columbus obviously thought, because of the way it sounded, that it was Cipango (or Japan).

Preguntas

1. ¿Qué dijo un señor de la isla Española, muy a gusto de Colón?

2. ¿Por qué Colón tenía tanta dificultad para entenderles?

3. ¿Por qué razón está seguro el Almirante que allí había mucho oro?

4. ¿Cuántos caciques y cuántos indios vinieron a las carabelas al día siguiente? ¿Cómo? ¿Qué les daba Colón?

5. ¿Cómo era el nuevo pueblo que habían encontrado? ¿Qué recibieron los españoles?

6. ¿Qué hizo el Almirante con el indio que era muy alegre?

7. ¿Por qué no celebraron la Navidad los de la *Santa María*?

8. ¿Qué eventos tristes causaron el encallamiento? Desde el punto de vista del mar, ¿por qué encalló la nave?

9. ¿Qué ordenó el Almirante a sus marineros? ¿Qué hicieron éstos? ¿Adónde fueron y qué pasó entonces?

10. Al ver que los marineros huían, ¿qué ordenó Colón?

11. ¿Por qué se abrieron los conventos de la *Santa María*?

12. ¿Qué hizo entonces Colón? ¿A quién pidió ayuda el Almirante?

13. ¿Cómo reaccionó el rey? ¿Cómo rescataron todo? ¿Dónde lo almacenaron?

14. ¿Qué comparación hizo Colón entre la honradez de los indios y la actitud de los habitantes de Castilla?

Capítulo 22

AL ESTE HABÍA UNA ISLA CON INFINITO ORO

Miércoles, 26 de diciembre

Vino una canoa de otro lugar que traía pedazos de oro y querían trocar por cascabeles, a los que llamaban *chuc-chuque.* Vinieron también
otras canoas con pedazos aún más grandes de oro. El Almirante se
contentó mucho entonces. Los cristianos también cambiaron cosas de
poco valor por más oro. El rey se contentó mucho de ver al Almirante
alegre, y le ofreció traer mucho más oro de Cibao y de Bohío y de Ca-
ribata. El rey comió con el Almirante en la *Niña* y luego llevó al
Almirante a tierra donde comieron ajes, camarones, caza° y otros alimentos que ellos tenían. Le mostró entonces sus casas y árboles fru-
tales. Todos iban desnudos, excepto el rey que ya se puso una camisa
y guantes que el Almirante le había dado. Le gustaron mucho los
guantes.

Después de comer, el Almirante llevó al rey a la playa donde hizo
demostrar a un experto el poder del arco turco.°[1] Al rey le pareció gran
cosa, porque decía que los Caniba o Caribes[2] venían a tomarlos prisioneros. El Almirante le dijo al rey que los reyes de Castilla man-
darían a destruir a los Caribes y traerlos a la isla con las manos atadas.
De seguido mandó el Almirante a disparar una lombarda y una espigarda.° El rey quedó muy impresionado. Trajeron al Almirante una
gran careta que tenía el rey, con grandes pedazos de oro por nariz y
orejas. El mismo rey la puso al Almirante. Le dio también otras joyas.
Dio también joyas a los otros que estaban con el Almirante. El Almirante mostró mucho placer y consolación por la nave perdida.[3]

El Almirante ordenó construir una fortaleza, con torre y fosa,° no
para protegerse de esos indios sino para que reconocieran el ingenio°
de los españoles, y para que con amor y temor le obedecieran. También iba a dejar allí a muchos, porque ellos querían quedarse y porque
no podía llevar a todos en las dos carabelas más pequeñas. Les dejaría
pan y vino y provisiones para un año. Dejaría a un carpintero, a un
lombardero° y a un tonelero° y a muchos otros que averiguarían el lo-
cal de la mina de oro. Se quejó el Almirante que los habitantes del
puerto de Palos no dieron buenas carabelas como habían ordenado los
Reyes.

Concluyó el Almirante diciendo que la *Santa María* quedó intacta y
que no se perdió ni una aguja ni un clavo porque todo se sacó a tierra.
Prometió a los Reyes llevarles un tonel° de oro que conseguirían en su
ausencia los que quedaban atrás.

caza game (hunted)

arco turco Turkish bow

espigarda musket

fosa moat
ingenio intelligence,
  craftiness

lombardero gunner
tonelero barrel maker

tonel barrel

Jueves, 27 de diciembre

Vinieron a la *Niña* el rey, un hermano suyo y otro pariente suyo. El hermano y el pariente querían ir a Castilla con el Almirante. Estando en esto, llegaron noticias de la carabela *Pinta* que estaba en un río a un extremo de la isla. El Almirante y el rey mandaron en una canoa a gente y un marinero a avisar a Martín Alonso Pinzón que ya iba de partida a España. Esa tarde el rey puso una gran placa de oro al pescuezo del Almirante. Al día siguiente un sobrino del rey vino donde el Almirante y le dijo que sabía dónde había oro. A cuatro días al este había una isla que se llamaba Guarionex, y otras que se llamaban Macorix, Mayonic, Fuma, Cibao y Coroay,[4] en las que había infinito oro.

Domingo, 30 de diciembre

Salió el Almirante a comer a tierra a tiempo que vinieron cinco reyes sujetos al rey Guacanagari, todos con sus coronas. El rey Guacanagari llevó al Almirante del brazo a la casa donde comieron el otro día. Le sentó al Almirante y le puso su corona en la cabeza. El Almirante, a su vez, se quitó un collar de alaquenes° y lo puso en el pescuezo del rey. Luego se sacó su capa de escarlata° y la puso al rey. Mandó por unas botas de color y se las hizo también poner al rey. Finalmente se sacó un anillo de plata y lo puso en el dedo del rey. El rey quedó muy contento. Dos de los reyes que vinieron con el rey Guacanagari fueron donde el Almirante y le dieron dos grandes placas de oro, una cada uno. Estando así vino un indio y dijo que hacía dos días que había visto a la *Pinta* en un puerto cercano hacia el este.

alaquenes bloodstones
capa de escarlata scarlet cape

Notas

1. *Arco turco:* The Turkish bow was a very large, powerful arched bow.

2. The Caribs had a reputation of being fierce fighters.

3. Columbus's flagship beached (went aground) off what is now Limonade Bord-de-Mer in Haiti.

4. The names were of provinces, not of islands. Guarionex was a cacique of Cibao and other provinces. Macorix was another province.

Preguntas

1. ¿Cómo llamaban los indios en su lengua a los cascabeles?

2. ¿Por qué se contentó mucho el rey? ¿Qué le ofreció al Almirante?

3. ¿Qué trocaban los indios y los españoles?

4. ¿Qué comieron el 26 de diciembre?

5. ¿Qué le mostró el rey a Colón? ¿Cómo iba vestido el rey?

6. ¿Por qué le pareció gran cosa el arco turco al rey?

7. ¿Qué le prometió Colón que harían los reyes de Castilla a esos caníbales?

8. ¿Cuáles serían los dos objetivos de Colón al demostrar la lombarda y la espigarda? ¿Cómo reaccionó el rey?

9. ¿Qué regalos hizo el rey a Colón y a los suyos?

10. ¿Qué mandó construir el Almirante? ¿Por qué razón?

11. Dé dos razones que tuvo Colón para dejar a algunos hombres allí.

12. ¿A quiénes dejaría? ¿Qué dejaría con ellos? ¿Qué misión les daría?

13. ¿De qué se quejaba el Almirante?

14. ¿Qué prometió a los reyes?

15. ¿Cómo quedó la *Santa María*? ¿Cree que hubieran podido salvarla?

16. ¿Quiénes querían ir con Colón a España?

17. ¿Qué noticia oportuna recibieron? ¿Qué mandaron avisar a Martín Alonso?

18. El rey Guacanagari recibe a Colón con muchas muestras de amistad. ¿Qué regalos se hacen entre Guacanagari y Colón? ¿Cómo se tratan?

19. ¿Qué dieron otros reyes a Colón?

20. ¿Qué es la nueva noticia sobre Martín Alonso?

Capítulo 23

UNA ISLA HABITADA ÚNICAMENTE POR MUJERES

Lunes, 31 de diciembre a viernes, 4 de enero de 1493

Este día se ocupó en cargar de agua y leña en la *Niña* para su partida para España, y dar la noticia pronto a los Reyes. El Almirante hubiera querido explorar más esa isla pero con una sola carabela no podía hacer esto. Era ponerse en peligro.° Se quejaba del inconveniente que le había causado Martín Alonso Pinzón al apartarse con la carabela *Pinta* por tantos días de la flota. Llegó la barca que fue en busca de la *Pinta*, pero no la encontró. Reportaron los de la barca que habían visto a un rey con dos placas de oro. También vieron a otros con mucho oro. El Almirante pensó que sería el rey Guacanagari, quien había mandado que todo el oro debía ser negociado por él mismo. Pero el Almirante sabía de otros lugares, y sabía que había pimienta y otras especias. El 2 de enero el Almirante fue a despedirse de Guacanagari y le regaló una camisa. Una vez más el Almirante trajo a conversación el problema de Guacanagari con los Caribes. Hizo alarde° del poder de las lombardas, haciéndoles disparar contra el casco° de la *Santa María*. Hizo una escaramuza° con sus soldados, mostrando el poder de sus armas. Luego le dijo al cacique que no tenía nada que temer de los Caribes. Dejaba a Diego de Arana, a Pedro Gutiérrez y a Rodrigo Escobedo, sus tenientes, a cargo de los marineros que quedaban en ese fuerte. Además quería la amistad y protección de Guacanagari.

Guacanagari, por su amor al Almirante, dijo que había mandado a hacer una estatua de oro del tamaño natural del Almirante. Colón dejó en ese fuerte de la isla Española, que los indios llamaban Bohío, a 39 hombres bajo el mando de tres: Diego de Arana, natural de Córdoba, Pedro Gutiérrez, repostero del rey, y Rodrigo de Escobedo, de Segovia, y sobrino de fray Rodrigo Pérez. Les dejó toda la mucha mercadería que los Reyes habían mandado para hacer trueque por oro. Les dejó alimento para un año: mucho pan, bizcochos,° vino y mucha artillería. Les dejó la barca de la *Santa María* para que continuaran sus exploraciones en busca de oro. Dijo el Almirante que cuando regresara

ponerse en peligro to put oneself in danger

Hizo alarde He boasted of
casco hull
escaramuza skirmish

bizcochos biscuits

fundar to found, to
establish

sastre tailor

quería ver mucho oro. También quería que buscaran un lugar apropiado donde fundar° una villa. Les dijo finalmente que continuaran explorando hacia el este porque cada vez se acercarían más a España. Les dejó semillas para sembrar. Les dejó además un médico y un sastre,° siendo todos además hombres de mar.

Debido al mar alterado, se quedó el Almirante un día más. Además esperaba al resto de los indios que habían de ir con él a España.[1] Pensaba que si la *Pinta* viniera podría llevar un tonel de oro a España. Pensaba también que ese Martín Alonso Pinzón podría ya estar en España diciendo quién sabe qué mentiras a los Reyes, para librarse del castigo por haber desobedecido al Almirante.

Domingo, 6 de enero

Después de haber navegado varios días, en la tarde del 6 de enero, el Almirante mandó a un marinero a subir al palo mayor para cerciorarse de la profundidad del agua, porque el viento soplaba hacia el este. El marinero gritó que la *Pinta* venía con rumbo a ellos desde el este. Como no había lugar donde anclar, el Almirante regresó a un lugar seguro deshaciendo 10 leguas de navegación.

Martín Alonso Pinzón vino a la *Niña* y dijo al Almirante que se había separado de él contra su propia voluntad. El Almirante le dijo que eso no era verdad. Sabía por medio de un indio que Pinzón había ido a Babeque a buscar el oro que no encontró. Le preguntó el Almirante a Pinzón que de dónde sacaba la arrogancia, deslealtad y codicia.° Decidió entonces el Almirante olvidar el suceso.[2] Supo el Almirante que Martín Alonso había hecho trueque por oro con los indios de la región, y que se habían dividido la mitad para Martín Alonso y la otra mitad para sus marineros.

deslealtad y codicia
disloyalty and greed

habas lima beans

Escribió el Almirante que se había enterado de que había más oro en otras islas, especialmente en una que le llamaban Yamaye,[3] donde decían que había pedazos de oro más grandes que habas° en comparación con los pedazos como granos de trigo en la isla Española. Dijo el Almirante que se había enterado de que hacia el este había una isla habitada únicamente por mujeres,[4] y esto era conocido por muchos indios. Dijo además que la isla Española y la isla Yamaye estaban a unas sesenta o setenta leguas de tierra firme, donde sus habitantes eran gente vestida.

Notas

1. In his *Historia,* Las Casas states that at one time he saw about a dozen Indians in Spain.

2. Columbus had to overlook this event. He needed the *Pinta* and its crew.

3. Yamaye is Jamaica. Columbus went there in 1494.

4. This legend was associated with the well-known classical Amazon legend of female warriors. Marco Polo's *Travels* contains an account of two islands in the Arabian Sea: Masculina and Feminea. The men from Masculina Island would spend only March, April, and May with their wives in Feminea Island. The reason was the scarcity of food for all. Some scholars argue that this island was Martinique.

Preguntas

1. ¿Cómo se prepararon para regresar a España?

2. ¿Por qué no podía explorar más el Almirante?

3. ¿De qué se quejaba Colón a los Reyes? ¿Encontraron la *Pinta*?

4. ¿Qué sospecha tiene el Almirante sobre Guacanagari y el oro?

5. ¿Cuándo se despidió el Almirante de Guacanagari? ¿Qué regalo le hizo?

6. ¿Por qué razón hizo alarde del poder de los españoles una vez más Colón?

7. ¿A quiénes dejaba en la isla Colón?

8. ¿Cómo sería la protección mutua entre los españoles y los de Guacanagari?

9. ¿Qué dijo Guacanagari que había hecho por su amor al Almirante?

10. ¿Cuántos españoles quedaron en la isla y cuántos fueron con Colón?

11. ¿Qué debían hacer los españoles con las mercaderías españolas? ¿Qué otras cosas les dejó?

12. ¿Por qué razones se quedó el Almirante un día más?

13. ¿Qué mal pensamiento tuvo Colón sobre Martín Alonso?

14. ¿Qué vio un marinero desde el palo mayor?

15. ¿Qué razón dio Martín Alonso Pinzón por su ausencia? ¿Le creyó el Almirante? ¿Qué le respondió el Almirante?

16. ¿Cree que fue prudente la reacción del Almirante con respecto a Pinzón? ¿Qué sabía el Almirante?

17. Según Colón, ¿qué había en la isla Yamaye?

18. ¿Qué sabe acerca de la leyenda de las amazonas? ¿Sería esto posible?

Capítulo 24

EL ALMIRANTE DIJO QUE HABÍA VISTO TRES SIRENAS

Martes, 8 de enero

calafatear to caulk
costear to coast along

secuaces accomplices
soberbia arrogance

cosas no debidas things that shouldn't be

callaba y disimulaba kept quiet and overlooked
tenía consigo had the support of

lentejas lentils

Debido al mucho viento, el Almirante decidió esperar. Mandó a calafatear° la carabela porque estaba haciendo agua, y fueron los marineros a tierra a traer leña. El Almirante quería costear° la isla Española para saber lo más que pudiera, pero esos hermanos Pinzón, capitanes de la *Pinta* y de la *Niña* y otros que eran sus secuaces,° con soberbia° y codicia, creían que todo el oro era suyo; sin mirar la honra que el Almirante les había hecho, no obedecían sus órdenes. Hacían y decían cosas no debidas° contra el Almirante. Martín Alonso lo dejó desde el 21 de noviembre por 46 días sin razón. El Almirante callaba y disimulaba° por dar buen fin a su viaje. Decía además que aunque tenía consigo° a hombres de bien, éste no era el momento del castigo.[1] El único remedio era salir para España con la mayor prisa posible.

Entró el Almirante en la barca de la *Niña* y fue a un río y encontró en la arena muchísimos granos de oro como lentejas° y lo llamó río de Oro.[2]

A media noche el Almirante hizo levantar las velas y navegaron hacia el este nordeste. Los campos que se veían eran muy labrados. Había muchas tortugas del tamaño de tablachinas° que iban a poner sus huevos en la playa, y los marineros cogieron algunas. El Almirante dijo que había visto tres sirenas° y que no eran tan bellas como las pintan.³ Supo el Almirante que Martín Alonso había anclado en un río y había trocado oro durante 16 días. Había hecho jurar° a su gente no decir nada al Almirante.

tablachinas wooden shields

sirenas mermaids

hecho jurar to take an oath

Domingo, 13 de enero

Encontró el Almirante una gran bahía de unas tres leguas de ancho con una islita en el medio.⁴ Ancló en este lugar. Mandó la barca a una hermosa playa para que buscaran ajes para comer. Ellos se encontraron con unos hombres con los cuales trocaron unos arcos y flechas. Rogaron a uno de ellos a que fuera a hablar con el Almirante. Éste fue y el Almirante dijo que era el hombre más feo que había visto. Tenía el rostro tiznado de carbón.° Traía los cabellos muy largos y atados atrás con una red de plumas de papagayo. El Almirante juzgó que este hombre era un Caribe de los que son caníbales.⁵ Cuando le preguntaron si había oro, el indio dijo que había grandes pedazos como la proa de la *Niña.* El indio dijo que la isla Martino estaba poblada solamente por mujeres. Los indios que iban con el Almirante entendieron muy poco de la lengua de este indio. El Almirante le dio al indio una tela roja y otra verde y algunas cuentecillas, y le mandó de vuelta a la playa diciéndole que si encontraba oro lo trajera. Al llegar a la playa, aparecieron unos cincuenta indios similares, que se escondían detrás de los árboles. El indio les hizo poner sus armas en la arena y los cristianos trataron de trocar cosas por sus arcos y flechas. Pero en un momento dado los indios decidieron atacar. Fueron con cordeles para atar a los cristianos. Pero los españoles viendo lo que sucedía, se prepararon para luchar, como había indicado el Almirante. Uno de los cristianos dio una gran cuchillada° en las nalgas° a un indio, y a otro hirieron con una saeta.° Los indios al ver que no podían ganar, huyeron, aunque eran cincuenta contra siete españoles.

tiznado de carbón smeared with charcoal

cuchillada cut
nalgas buttocks
saeta dart

Al día siguiente vino a la nave el mismo indio del día anterior con su rey y otros dos hombres. Ellos dieron unas cuentas para los españoles como señal de amistad. El Almirante mandó darles de comer bizcocho y miel, y le dio al rey un bonete rojo, cuentas, un pedazo de paño rojo. Les dio regalos también a los otros indios. El rey dijo que le traería al Almirante una máscara de oro, porque había mucho oro allí. El Almirante luego los mandó a tierra y ellos fueron muy contentos.

El Almirante se quejó del mal trabajo de los que calafatearon las carabelas en el puerto de Palos, diciendo que las carabelas estaban haciendo agua. Finalmente, dijo el Almirante que confiaba en Dios que su jornada fuera segura.°

segura safe

Notas

1. It is obvious that Columbus wasn't in a position to antagonize Martín Alonso Pinzón, because he needed him at that moment. Columbus lost his *Santa María;* therefore, the journey back to Spain would certainly be safer with Martín Alonso Pinzón and two caravels. Las Casas notes in his *Historia* that Columbus sent a conciliatory letter to Martín Alonso Pinzón, overlooking his misdeeds, and notifying him about the establishment of a settlement.

2. Río de Oro. Today it is either río Yaque del Norte, or río Santiago in the Dominican Republic. It is possible that Columbus found gold in this river. According to Las Casas, Columbus found pyrite or "fool's gold."

3. Columbus mistook the manatees for mermaids, the mythical creature that was half-woman and half-fish. The endangered manatees are large, gentle mammals from Florida and the Caribbean.

4. This has been identified as Puerto Rincón in the Dominican Republic.

5. Columbus notes the crossing of cultural as well as linguistic boundaries.

Preguntas

1. ¿Por qué mandó calafatear la carabela el Almirante?

2. ¿Por qué no pudo costear a la isla Española el Almirante?

3. ¿Por cuánto tiempo se había ausentado Martín Alonso?

4. ¿Por qué callaba y disimulaba el Almirante? ¿Qué era el mejor remedio?

5. ¿Qué encontró el Almirante en el río? Si no era oro, ¿qué podría ser?

6. ¿Qué hacían las tortugas? ¿Qué hicieron los marineros?

7. ¿Cómo describe el Almirante a las sirenas que vio?

8. ¿Qué había hecho Martín Alonso? ¿Cómo cree que se enteró de esto Colón?

9. ¿Dónde estaba el Almirante cuando se encontró al hombre más feo que había visto? ¿Cómo era ese hombre?

10. ¿De qué tamaño eran los pedazos de oro que decía tal hombre que había en la isla Martino?

11. ¿Qué característica especial tenían quienes vivían en la isla Martino?

12. ¿Qué hicieron los otros 50 indios feos en un momento dado?

13. ¿Cómo respondieron los españoles? ¿Cómo hirieron a dos indios? ¿Qué hicieron los indios entonces?

14. ¿Qué pasó al día siguiente con los mismos indios?

15. ¿Qué ofreció el rey indio al Almirante? ¿Qué les dio Colón?

16. ¿De qué se quejó una vez más el Almirante?

Capítulo 25

LA *PINTA* DESAPARECIÓ EN LA TORMENTA

Martes, 15 de enero

El Almirante dijo que quería ya salir en su viaje de regreso. Se había enterado que había cobre en la isla Carib y en la isla Martino. Dijo que quería ver esas islas porque estaban en su ruta. Quería también llevar algunos indios de ésos a España.

En la noche el mar se puso muy alto y hubo una gran tormenta con rayos y grandes olas.

El rey indio del día anterior cumplió su palabra y le mandó al Almirante su corona de oro, como había prometido. El Almirante comparó los arcos de esos indios con los arcos europeos y concluyó que eran del mismo tamaño, aunque sus flechas no tenían puntas de hierro, sino dientes de tiburón.° El Almirante también encontró mucho ají y comentó sobre su posible valor.

Salió el Almirante con rumbo a la isla Carib con cuatro guías indios y navegó alrededor de 60 millas y los indios le señalaron exactamente la isla. Pero al dirigirse a ella, notó que el viento cambiaba y soplaba hacia el este. Notó también que la tripulación se inquietaba porque los vientos soplaban hacia España. Entonces cambió de rumbo y se dirigieron las dos carabelas hacia el este. Finalmente vieron el cabo San Theramo.[1]

tiburón shark

Miércoles, 16 de enero a martes, 12 de febrero

Navegaron hacia el este sin mayores contratiempos, con excepción de que la *Pinta* tenía dificultad con una de las velas, porque Martín Alonso Pinzón no hizo cambiar el mástil en las islas, como debía. En este período mataron un tiburón muy grande y una tonina porque se les acababan los comestibles.°

comestibles food

Miércoles, 13 a jueves, 14 de febrero

En la noche el mar se puso muy alto y hubo una gran tormenta con rayos y grandes olas. Navegaron con poca vela toda la noche. Durante la noche siguiente el mar se puso espantoso.° Las naves no avanzaban y las olas rompían sobre cubierta.° La *Pinta* desapareció en la tormenta. El Almirante mandó hacer señales con los faroles. La *Pinta* respondía, pero cada vez más lejos, hasta que desapareció.[2] Al día siguiente continuaba la tormenta, el viento era terrible, y el Almirante guiaba la *Niña* en favor de las olas para no zozobrar.° El Almirante ofreció a la Virgen María hacer romería° si se salvaban. Se echaron suertes° y fue el mismo Almirante el señalado.° A Colón le pesaba que iba a morir dejando a sus dos hijos huérfanos en una escuela en Córdoba. Además le pesaba no poder informar a los Reyes de su gran descubrimiento. Entonces, al día siguiente, que era el 14 de febrero, tomó un pergamino y escribió todo lo que pudo en él sobre su descubrimiento. Ató el pergamino en un paño encerado° y lo puso en un gran barril, rogando al que lo encontrara, que notificara a los reyes de España, y lo tiró al mar.

espantoso frightening
rompían sobre cubierta crashed over the main deck

zozobrar to sink
romería pilgrimage
se echaron suertes they drew lots
señalado selected

encerado waxed

Viernes, 15 de febrero

Pasó la tormenta y aclaró el día. Vieron finalmente tierra al nordeste. Cambió el viento, pero el Almirante dijo que estaban en las islas

Azores. Su tripulación, por lo contrario, creía que estaban ya en España. El sábado continuaron buscando un puerto donde anclar. El Almirante tuvo que reposar porque había pasado días sin dormir y sus piernas le dolían por el frío y la humedad. Finalmente ancló el día lunes 18 y mandó su barca a tierra para averiguar dónde estaban. Estaban en la isla Santa María de las Azores, isla de Portugal. La gente de la isla decía que se maravillaba de cómo habían sobrevivido esa feroz tormenta de 15 días.

Entonces les mostraron dónde estaba el puerto. El Almirante pretendió haber navegado mucho más y no avisó a nadie su derrota,° para que de esta manera ningún piloto de allí intentara ir a las Indias.

derrota course

Notas

1. San Theramo (Cabo del Engaño) is the easternmost cape of the island of Española. San Theramo is San Elmo (Erasmo), the patron saint of sailors.

2. The caravel *Pinta* landed at Bayona, Galicia, Spain. Martín Alonso Pinzón proceeded, at the request of the monarchs, to meet Columbus at the port of Palos. Martín Alonso died soon thereafter, in March 1493.

Preguntas

1. ¿Qué otro metal importante había en las islas?

2. ¿Cumplió su promesa el rey indio?

3. ¿Cómo eran los arcos de los indios en comparación con los arcos de los europeos?

4. ¿Sabe qué es el ají?

5. ¿Por qué razones no ancló Colón en la isla Carib?

6. ¿Cuál fue el último lugar que vieron al partir para España?

7. ¿Por qué tenía dificultad Martín Alonso con una de sus velas?

8. ¿Qué comieron cuando se quedaron sin alimentos?

9. ¿Cómo era la tormenta y qué pasó con la *Pinta*? ¿Qué ofreció el Almirante en sus oraciones?

10. ¿Cómo guiaba el Almirante a la *Niña* para no zozobrar?

11. ¿Qué gran pesar sentía Colón?

12. ¿Qué hizo Colón el 14 de febrero?

13. ¿Qué vieron el 15 de febrero? ¿Dónde estaban? ¿Dónde creían los marineros que estaban?

14. ¿Cómo era la condición física de Colón en esos momentos?

15. ¿Dónde estaban el 18 de febrero?

16. ¿Por qué se maravillaba la gente de la isla?

17. ¿Por qué razón pretendió el Almirante haber navegado más?

Capítulo 26

OÍAN CON GRAN PLACER LAS COSAS DEL VIAJE A LAS INDIAS

Martes, 19 de febrero

Después de la puesta del sol, fueron a la *Niña* tres hombres mandados por el gobernador portugués de la isla Santa María de las Azores, don Juan de Castañeda.[1] Como era el día de carnestolendas,[2] les mandó a la carabela gallinas y pan fresco y otras cosas. El gobernador mandó tres mensajeros al Almirante diciéndole que lo conocía muy bien, y que no iba a saludarle esa noche porque era ya muy tarde. También le dijo que no dejaba que regresen a la *Niña* los tres marineros que Colón había mandado al puerto, porque sentía gran placer en oír las cosas del viaje a las Indias. Prometió don Juan de Castañeda ir a la *Niña* al día siguiente, con más provisiones y con los tres marineros del Almirante.

El Almirante decidió mandar a la mitad de su tripulación a la costa a hacer romería, como habían prometido a la Virgen. Él iría más tarde con la otra mitad de los marineros. Hizo mucho honor a los mensajeros del gobernador Castañeda. Colón, confiado en que había paz entre Castilla y Portugal y creyendo que el gobernador de la isla era sincero, mandó a tres de sus hombres a que pidieran un sacerdote en el puerto para que viniera a celebrar una misa.°

misa mass

Cuando los hombres del Almirante estaban en la playa rezando, les asaltó todo el pueblo, a caballo y a pie, todos mandados por el gobernador Castañeda. Los encarcelaron° a todos luego. El Almirante, que estaba a bordo de la *Niña,* no sospechaba nada. Pero al siguiente día, al ver que sus marineros se tardaban y que no podía ver nada en tierra, levantó el ancla y navegó un tanto° en la *Niña,* y pudo entonces ver a gente a caballo, armada, en la playa. Vio que venía gente armada en la barca de la carabela al mando de don Juan de Castañeda, a prenderlo.°

Los encarcelaron They jailed them

un tanto a distance

a prenderlo to apprehend him

Cuando el Castañeda llegó a la *Niña,* y pidió permiso para subir a bordo, el Almirante muy astutamente° se lo concedió, diciéndole que estaba a sus órdenes. El Almirante quería que don Juan subiera a bordo para apresarlo° y así rescatar a su gente. El gobernador, como traía mal propósito, no se fió en entrar. Cuando el Almirante entendió esto, le preguntó a Castañeda la razón por la que detenía a la mitad de su tripulación. Le advirtió además que causaría grandes problemas a Portugal, porque en ese entonces Portugal y España estaban en paz. Además le dijo al gobernador que él era el Almirante del Mar Océano y Virrey de las Indias. Le mostró a la distancia los documentos certificados con sellos de los Reyes como prueba° de ello. Le dijo además que tenía suficientes hombres para navegar a Sevilla donde estaban el rey Fernando y la reina Isabel. El Almirante le amenazó diciendo que don Juan de Castañeda y su gente serían bien castigados por aquel agravio.°

astutamente astutely

apresarlo to apprehend him

prueba proof

agravio offense

El gobernador respondió entonces que ni él ni su gente reconocían al rey ni a la reina de Castilla. El Almirante presintió que algún desconcierto° había ocurrido en España durante su ausencia. El gobernador Castañeda mandó al Almirante que anclara en el puerto, porque tenía órdenes del rey de Portugal. El Almirante rehusó y dijo que llevaría a Castilla a 100 portugueses prisioneros y que arrasaría con° la isla.

desconcierto disorder, breakdown

arrasaría con would do away with

El Almirante pasó tres días navegando en mal tiempo, en busca de otro puerto seguro para anclar. No lo encontró, y entonces decidió volver a la isla Santa María.

Viernes, 22 de febrero

Vinieron a la *Niña* cinco marineros, dos clérigos y un escribano. Pidieron permiso y subieron a bordo. Pasaron la noche en la carabela y el Almirante los trató muy bien. A la mañana siguiente pidieron al Almirante que les mostrara el poder° de los monarcas de Castilla, para así confirmar que el Almirante había hecho el viaje con el poder de ellos. El Almirante pensó que éste era otro truco° de ellos para capturarlo. Pero no sucedió así. Ellos temían lo que el Almirante había dicho y hecho. Y temían que los atacara. Los clérigos, el escribano y los marineros regresaron a tierra contentos. Luego el gobernador Castañeda dejó libres a los tripulantes de la *Niña* y éstos comunicaron al Almirante que el gobernador tenía órdenes del rey de Portugal de capturarlo, y si lo hubieran capturado, nunca lo habrían puesto en libertad.[3] Se preparó la *Niña* y comenzaron su navegación una vez más hacia el este, a España.

poder authorization

truco trick

Notas

1. Don Juan de Castañeda was the acting governor of the Santa María Island in the Azores, which were of the domain of Portugal.

2. *Carnestolendas* refers to the three days of Carnival before Ash Wednesday (Shrovetide).

3. Columbus stated in the Thursday, September 6, 1492, entry of his journal that there were three caravels belonging to the king of Portugal with orders to capture him on the Azores Islands (Portugal). Columbus had the correct information.

Preguntas

1. ¿Qué mandó decir Juan de Castañeda a Cristóbal Colón?

2. ¿Cuál es la razón por la que Castañeda retiene a los tres marineros de Colón?

3. ¿Por qué razón promete Castañeda ir a visitar a Colón al día siguiente?

4. ¿Cuál era el propósito de la mitad de los marineros de la *Niña* al ir a la playa?

5. ¿Por qué razón no fue Colón con ellos? ¿Cuál fue su estrategia?

6. ¿Para qué mandó Colón a otros tres marineros a la isla?

7. ¿Qué sucedió cuando la mitad de la tripulación de Colón rezaba en la playa?

8. ¿Qué hizo el Almirante al día siguiente cuando vio que no regresaba su gente?

9. ¿Qué estaba haciendo Castañeda?

10. Cuando Castañeda llegó a la *Niña,* ¿qué quiso hacer astutamente Colón? ¿Lo consiguió? ¿Por qué?

11. Después de preguntar a Castañeda la razón por la que detenía a sus marineros, ¿qué dijo Colón y qué amenazas hizo al gobernador?

12. ¿Qué respondió el gobernador?

13. Ya que se había ausentado de España durante siete meses, ¿qué dedujo el Almirante de lo que decía Castañeda?

14. ¿Qué ordenó entonces Castañeda? ¿Qué amenaza hizo Colón?

15. ¿Qué hizo Colón durante los tres días siguientes?

16. ¿Quiénes fueron a la *Niña* el 22 de febrero? ¿Por qué? ¿Qué creyó el Almirante?

17. ¿Cuál era la realidad de la situación?

18. ¿Qué hicieron los clérigos y el escribano?

19. ¿Qué informaron al Almirante sus marineros que vinieron de la isla?

Capítulo 27

Al salir el sol, arriban a España

Domingo, 24 de febrero, a jueves, 14 de marzo

Partió el Almirante el domingo 24 de febrero y encontró mal tiempo, vientos contrarios y grandes olas. El 3 de marzo vino una tormenta y rompió todas las velas de la *Niña*. La noche del 4 de marzo le azotó otra espantable° tormenta con rayos, truenos° y vientos que parecían levantar a la *Niña* por los aires. Navegaban a árbol seco,° pero al amanecer vieron la Roca de Sintra[1] cerca del río de Lisboa.[2] Entraron por allí y la gente del pueblo de Cascais[3] se maravillaba porque la *Niña* se salvó de tal tempestad. Al entrar en Rastelo[4] se enteró el Almirante que ésa había sido la peor tormenta del siglo y que habían naufragado 25 naves en Flandes, y debido a los terribles vientos, las naves que estaban en el puerto de Lisboa no habían podido hacerse al mar por cuatro meses.

    El Almirante escribió una carta al rey de Portugal,[5] quien estaba a nueve leguas de allí,[6] pidiéndole permiso para anclar en Lisboa. Temía que gente ruin° asaltara su nave creyendo que traía oro. Le indicaba al rey que tenía cartas reales de los reyes de Castilla, quienes le habían asegurado que tenía permiso para entrar en los puertos portugueses para abastecerse.

    La gran nave° del rey de Portugal (una enorme nave, armada con artillería como nunca se había visto) estaba también anclada en Rastelo. El 5 de marzo, el capitán de dicha nave ordenó al famoso capitán Bartolomeu Dias de Lisboa[7] que fuera a la *Niña* en una barca armada. Dias le ordenó a Cristóbal Colón que abordara su barca, para que diera cuenta° en persona al rey de Portugal sobre su viaje. El Almirante dijo que él era Almirante de los reyes de Castilla y que no daba cuenta a tales personas. También dijo que no saldría de su nave a no ser que fuera por superior fuerza. Bartolomeu pidió entonces que mandara en su lugar al capitán de la *Niña*. El Almirante respondió que antes prefería morir que mandar a su gente. Bartolomeu se moderó° y dijo que si así había determinado el Almirante, por lo menos le mostrara las cartas de los reyes de Castilla. El Almirante se las mostró con mucho gusto. Entonces Dias regresó a la gran nave del rey y reportó a su capitán, don Álvaro Damán. Damán vino a la *Niña* con gran ceremonia, con tambores, trompetas y añafiles° a ofrecerle al Almirante cuanto necesitaba.

espantable frightening
truenos thunder
árbol seco bare masts

ruin vile

gran nave flagship

diera cuenta gave an account

se moderó changed his story

añafiles bagpipes

La llegada triunfal de Colón en Barcelona, ante los monarcas españoles.

Cuando se supo en Lisboa de la llegada del Almirante en la *Niña,* fue muchísima gente a mirarlos, y se maravillaron de ver a los indios y tanta cosa nunca antes vista. Fueron también nobles y agentes del rey. Todos daban gracias a Nuestro Señor por tanto bien y el acrecentamiento° de la religión de Cristo auspiciado° por los reyes de Castilla.

El rey de Portugal mandó una carta al Almirante invitándole a que fuera adonde el rey estaba, porque el tiempo no era propicio° para navegar. El rey mandó dar a todos los del Almirante todo lo que necesitaban, sin cobrarles. Ordenó también que se hiciera todo lo que el Almirante quisiera. El rey estaba entonces en el Valle del Paraíso, a nueve leguas de Lisboa.

El Almirante se dirigió adonde el rey y fue recibido por los de su corte muy honradamente. El mismo rey lo hizo sentar a su lado y le habló diciéndole que mandaría a hacer todo lo que Colón quisiera, siempre en beneficio de los reyes de España y el Almirante. Le dijo además que sentía gran placer que Colón hubiera llegado a cumplir con tanto éxito su misión. Sin embargo, notificó el rey de Portugal, que de acuerdo con un tratado con los reyes de España, esos descubrimientos eran para Portugal.[8] El Almirante respondió que no sabía nada de eso y que lo único que le habían ordenado los reyes de España era que no fuera a San Jorge da Mina[9] ni al golfo de Guinea.[10] Colón dijo además que Sus Majestades habían hecho proclamar[11] esto por todos los puertos de Andalucía. El rey dijo que estaba seguro que no serían necesarios terceros° en este asunto.

El 10 de marzo, el rey conversó mucho con el Almirante, siempre invitándole a que se sentara a su lado. Al día siguiente el Almirante pidió permiso al rey para partir y éste mandó algunos mensajes a los reyes de España. Al salir del monasterio fue acompañado de muchos caballeros que le hicieron gran honor. La reina, que estaba entonces en un palacio cercano llamado Villafranca, mandó un mensaje al Almirante, diciéndole que no debía partir antes de verla. Y fue así como Colón fue a verla, y hacerle homenaje y besar su mano. El hermano de la reina, don Manuel, duque de Béjar,[12] estaba presente. Le hicieron gran honor en el palacio al Almirante.

El 12 de marzo, el Almirante se preparaba para ir a su carabela, cuando un emisario del rey llegó a él y le ofreció, a nombre del rey, cabalgaduras° y todo lo que necesitara, si prefería ir a Sevilla por tierra. Le dio al Almirante una mula y otra a su piloto. También el rey mandó dar un regalo de 20 espadines° al piloto, como el Almirante lo supo más tarde.

El Almirante y su piloto llegaron a la *Niña* en la noche. A las 8 de la mañana del 13 de marzo, con muchas olas, izó las velas, levantó anclas y salió hacia el sur, a España.

---

acrecentamiento growth
auspiciado sponsored

propicio favorable

terceros third parties

cabalgaduras pack
  animals

espadines gold coins

Viernes, 15 de marzo

Al salir el sol, el Almirante se halló sobre Saltés, y al mediodía llegó al puerto de Palos, de donde había partido el 3 de agosto del año anterior. Y así dice el Almirante al acabar su diario: "Iré a Barcelona por mar, donde están mis Reyes, y les daré relación de mi viaje que Nuestro Señor me había permitido hacer y me había alumbrado° mi camino. Dios hace todas las cosas buenas, excepto el pecado.° Así se ha manifestado por todos los milagros que Él ha hecho en todo este viaje, que muchos creían que era una burla.° Confío en Dios que este viaje sea la mayor honra para todos los cristianos".

Éstas son las palabras finales del Almirante don Cristóbal Colón, en su viaje de descubrimiento de las Indias. *Deo gratias.*[13]

alumbrado   illuminated
pecado   sin

burla   joke

Notas

1. Cabo de la Roca de Sintra is a cape approximately 10 miles west of Lisbon.

2. Río de Lisboa is the Tagus River.

3. Cascais was a small fishing village along the mouth of the Tagus River.

4. Rastelo was a port at the mouth of the river. Now it is located in the suburbs of the city of Lisbon.

5. Juan II had rejected the project before Columbus offered it to the Spanish monarchs.

6. King Juan II had left Lisbon to avoid an outbreak of the plague. He was safe at the Franciscan Monastery of Santa María de las Virtudes, about nine leagues from Lisbon.

7. Bartolomeu Dias (1466–1500), the famous Portuguese discoverer, broke with the tradition of *cabotaje* or coast hugging and ventured deep into the oceans. He discovered *Cabo de la Buena Esperanza* (Cape of Good Hope) on the southernmost point of Africa in 1488. Later he sailed with the Portuguese fleet that discovered Brazil in 1497. He died in a shipwreck.

8. The treaty of Alçacovas (1479) was confirmed by a Papal Bull called *Aeterni regis* (1481). It stated that all lands discovered south

of the Canaries and in the Guinea area were to belong to Portugal. King Juan thus suspected that in reality those lands were his. The king must have been very frustrated for having lost these discoveries. Perhaps he tried to deprive the Spanish Crown of them (Las Casas, *Historia*). The dispute brought about another treaty between Spain and Portugal: Papal Bull *Inter caetra,* 1493, and the Treaty of Tordesillas of 1494 which fixed the divisions in lines of longitude at 46°30′ West.

9. San Jorge da Minas was a Portuguese trading post established in 1481. Today it is the country of Ghana.

10. The Gulf of Guinea is located in western Africa. Portugal had vast possessions there.

11. In town squares, *pregoneros* (town criers) would read aloud edicts of the kings and other important news to the people, because at this time there were no newspapers or other means of mass communication.

12. In 1495, the Duque de Béjar became King Manuel I of Portugal. He was the queen's brother.

13. Thanks be given to God (in Latin).

Preguntas

1. Describa el viaje de Colón entre el 24 de febrero y el 5 de marzo.

2. ¿Cómo navegaron al entrar en el río de Lisboa?

3. ¿Cómo reaccionó la gente del pueblo de Cascais?

4. ¿De qué se enteró el Almirante en Rastelo?

5. ¿Por qué estaba el rey Juan II de Portugal a nueve leguas de Lisboa?

6. ¿Qué le pidió el Almirante al rey? ¿Por qué? ¿Cómo documenta Colón su pedido al rey?

7. ¿Cómo era la nave del rey?

8. ¿Quién era Bartolomeu Dias?

9. ¿Qué le ordenó Bartolomeu Dias a Cristóbal Colón?

10. ¿Qué respondió Colón?

11. ¿Cuál es la segunda opción de Dias?

12. ¿Accedió el Almirante? ¿Por qué cree que hizo tal cosa?

13. ¿Quién dio marcha atrás?

14. ¿Qué mostró Colón, y cuál fue el resultado?

15. ¿Qué hizo el capitán de la gran nave del rey Juan II, don Álvaro Damán?

16. Cuando se supo, ¿qué hizo la gente de Lisboa?

17. ¿Qué mandó el rey de Portugal? ¿Qué decía en la carta? ¿Desde dónde mandó la carta el rey?

18. ¿Cómo recibió el rey a Colón?

19. ¿Por qué cree el rey que el descubrimiento de Colón es para Portugal?

20. ¿Qué respondió Cristóbal Colón?

21. ¿Qué sucedió el 10 de marzo?

22. ¿Por qué cree que la reina invitó a Colón? ¿Sabía que las princesas de esa época de Portugal eran españolas?

23. ¿Quién estuvo presente cuando Colón visitó a la Reina? ¿Qué sería este personaje más tarde?

24. Dé su opinión acerca del porqué Colón no aceptó la oferta del Rey de ir a Sevilla en cabalgaduras.

25. ¿Por qué habrá dado el Rey 20 espadines al capitán de Colón sin que éste lo supiera de inmediato?

26. Haga una paráfrasis de lo que dice Colón al terminar su diario el día 15 de marzo de 1493.

27. Consulte una proyección del calendario de 1492 y 1493 y cuente el número de días que estuvo Colón de viaje.

Vocabulario

The Master Spanish-English Vocabulary presented here represents the vocabulary as it is used in the context of this book.

The nouns are given in their singular form followed by the definite article only if they do not end in **-o** or **-a.** Adjectives are presented in their masculine singular form, followed by the feminine ending only if it differs. Verbs are given in their infinitive form followed by the reflexive pronoun **(se),** if it is required; by the stem changes **(ie), (ue), (i);** and by the orthographic changes **(c), (z), (zc).**

A

abastecido, -a supplied

abastecimientos supplies

abertura opening

acceso access

  vía de acceso access route

acertado, -a correct, right

acortar to shorten

  acortar las velas to shorten the sails

acostumbrar to accustom

acrecentamiento growth

acuerdo agreement

  de acuerdo in agreement

adjudicar to bestow, to grant

adorar to worship

adorno ornament

adquirir to acquire

agitado, -a upset

agravio offense

aguacero downpour

aguileño, -a aquiline (like a beak)

aguja needle

agujero orifice, hole

agujeta needle

aje, el cassava, yam

ají, el hot pepper, red pepper

alaquén, el bloodstone

alarde, el show, display

  hacer alarde to brag, boast

alba, el *(f.)* dawn

  al despuntar el alba at the break of dawn

albur, el dace (fish)

alcanzar (c) to catch, reach

alcatraz, el pelican, gannet

alejarse to go far, to go away

alentar to encourage

algodón, el cotton

  ovillo de algodón spool of cotton thread

algodonal, el cotton field

alguacil constable

  alguacil mayor chief constable

algún tanto a portion

alimentarse to feed oneself

almáciga mastic (resin)

almácigo mastic tree

almirante, el admiral

alquilar to rent

alta highland

alteza highness

altiplanicie, la high plateau

alumbrar to light up

alzar to raise; to become rough (seas)

amainar to calm down

amanecer, el dawn

ambiente, el environment

ambos, -as both

amistad, la friendship

estrecha amistad close friendship
amplio, -a wide, full
ánade, el duck
anciano, -a old man, old woman
anda, el *(f.)* litter, stretcher
anillo ring
   anillo de latón brass ring
antepasado ancestor
anterior previous
antiguo, -a ancient
antípodas persons dwelling at opposite points of the globe
anzuelo fishhook
añafil, el bagpipe
apacible gentle
apariencia appearance
apartarse to go away from
apoyar to back up, to support
apoyo sponsorship, support
apresar to apprehend
aproximarse to be near, to draw near
apuntar to record
arábigo Arabic (language)
árbol seco bare mast
arco turco Turkish bow
armado, -a armed, powered
armar to arm
armarse to make ready
arpón, el harpoon
arrancar to pull away
arrasar to obliterate, to do away (with)
arrecife, el coral reef
arribar to arrive, put into port
arroyo stream
ascender to go up
asegurar to assure
así mismo in the same manner
asilo lodging, housing
asombrar to amaze, astonish
aspecto appearance
astillero shipyard

astuto, -a astute, clever
ataviar to adorn
atrapar to catch
audiencia hearing, audience
auspiciar to sponsor
auspicio protection, patronage
autodidacto, -a self-taught
avanzar to move forward
ave, el *(f.)* bird
averiar(se) to break down
averiguar to find out
avíos de pesca fishing tackle
avivar to excite, arouse
ayo tutor
azahar, el orange blossom
azotar to whip

B

bahía bay
ballena whale
ballesta crossbow
bandera flag
   bandera de la cruz verde flag of the green cross
   bandera real royal standard
baratija trinket
barca small boat
barloventear to beat to the wind
barrigón, barrigona pot-bellied
basarse (en) to be based (upon)
batel, el ship's tender (boat for going to shore)
beligerante warlike, belligerent
bestia beast, wild animal
bien well
   bien empleado good investment
bizcocho biscuit
Bohío Haiti
bola ball
   bola de cera ball of wax
bonete, el bonnet
borrasca storm, squall

breve brief
brújula ship's compass
bruma haze
bueno, -a good
  buena gente good people
  buena voluntad goodwill
  buenas nuevas good news
  de buena gana with pleasure
burla joke
buscar to search for
  andar en busca to be in search of

C

cabalgadura pack animal
Caballero de Espuelas Doradas Knight of the Golden Spurs
caber to fit
cabo cape
cacique, el chieftain
calabaza gourd
calafatear to caulk
calcular to calculate
cálculo de riñón kidney stone
caldeo Chaldean, the language of Chaldea, an ancient region of southwest Asia
callar(se) to keep (oneself) quiet
calor, el heat
cámara room, chamber
camarón, el shrimp
campanilla small bell
canela cinnamon
cangrejo crab
cano gray (hair)
canoa canoe
cantar to sing
cantidad quantity
caña reed
capa cape
capacitar to enable

capturar to capture
carabela caravel, three-masted vessel
caracol, el seashell; snail
carácter, el temperament
carbón, el coal
careta mask
cargado loaded
carta letter
  carta geográfica marine chart
cartografía cartography
casado married
cascabel, el small bell
casco hull
castaña chestnut
castillo castle
  castillo de popa quarterdeck
  castillo de proa forecastle
casualidad, la chance
Catay Cathay (China)
caudal, el wealth
cautiverio captivity
cautivo prisoner
caza game, hunt
cebada barley
cedazo sieve, strainer
ceja eyebrow
centenar, el hundred
cercano near, close by
cernir to sift
certeza certainty
cestilla small basket
chimenea hearth
chispa spark
cicatriz, la scar
ciencia science
  a ciencia cierta with certainty
Cipango Japan
ciudad-estado, la city-state
clavo nail
clérigo clergyman
cobarde coward
codearse to rub elbows

codicia greed
coger to catch
colgar (ue) to hang
collar, el necklace
colmenar, el beehive
coloso colossus, outstanding
comarca boundary
comenzar (ie) to begin
comerciado traded
comerciar to trade
comestibles, los food
comprobar (ue) to test
computar to calculate
cómputo computation
común common
concluir to conclude, to finish
confianza confidence
confines, los ends
conforme as *(conjunction)*
conjetura conjecture, surmise
conocer (zc) to know
conseguir to obtain
constancia proof, evidence
consuelo solace, comfort
contemporáneo contemporary
contiguo close; next to
contrario, -a opposite
convento seam (of a boat)
convertirse (ie, i) to become
copiar to copy
coraje, el courage
corbina conger (type of eel)
cordel, el rope
corona crown
corriente, la current
corte, la court
cosmografía cosmography (study
 of the Earth and universe)
costear to coast along
costumbre, la habit
creencia belief
crespo curly (hair)
cristal crystal

cuajar to coagulate
cubierta de proa forecastle
cuchillada cut
cuenta bead
cuento story, tale
cuerda string, cord; line
 cuerda de seda silk cord
cuerno horn
cuero hide, skin
cuerpo body
culminar to culminate
 para culminar to top it all off
cumplir to comply

daño damage
dar to give
 dar cuenta to give an account
 dar una pedrada to throw a
 stone
 dar voces to shout
 darse cuenta to realize
deber to have to, must, should
decirse to be said
delante in front
demudado, -a pale, ashen
derecho, -a straight
derrota course; defeat
desaparecer (zc) to disappear
desarrollar to develop
desconcierto disorder,
 breakdown
desconocido, -a unknown
descubridor, el discoverer
descubrimiento discovery
descubrir to discover
desenvainar to unsheathe
deslealtad, la disloyalty
desmedido, -a disproportionate
desnudo, -a naked
despojos debris

desprenderse to break away
desviarse to drift off course
detrás behind
deuda debt
devorar to devour
diario journal, diary
  diario marítimo temprano
  early maritime journal
dibujar to draw
dicho, -a aforementioned
diente, el tooth
dilatar to postpone, delay
diseminación dissemination
disimular to feign, to overlook
disminuir to diminish, to lessen
disparar to fire
disponer to suggest
dominar to overlook
dominio domain
dorado red fish
dueño owner
durar to last

echar to throw, cast
  echar a nadar to start swimming
  echar la sirga to throw the line
  (to shore)
  echar suertes to draw lots
elección, la choice
embajada official correspondence;
  cargo
embarcación, la ship
emigrar to emigrate
empero but
emprender to undertake
empresa enterprise
encallarse to run aground
encarcelar to jail
encargado man in charge
encerado, -a waxed

encontrar (ue) to find
encrespado, -a rough
enderezar to straighten
enfrentarse to confront
engaño deceit
enrumbar(se) to set course; to head
  toward
entablar to establish
entender (ie) to understand
enterarse to find out
entrega delivery
entregar to deliver
  entregar las llaves to turn over
  the keys
enviar to send
envidia envy
época period, era
escaramujo barnacle
escaramuza skirmish
escarlata scarlet (color)
escaso scarce
esclavo, -a slave
escoger to choose
escollo reef, atoll
  escollo magnético magnetic reef
escribano notary
escudilla cup or soup bowl
escudriñar to scan
espada sword
espadín, el gold coin
espantar to frighten
especia spice
especie, la kind
esperar to wait
espeso, -a thick
espigarda musket
estatua statue
estrecho, -a narrow; close
estuario estuary, wetlands
éxito success
extractado, -a summarized
extranjero foreigner
extraño, -a strange

fabricante *(m. & f.)* producer,
  maker
facciones, las facial features
farol, el light
fe, la faith
felicidad, la happiness
fiar(se) to trust
filo sharp edge
finado, -a deceased
florentino, -a Florentine, from
  Florence, Italy
flota fleet
flotante floating
forcado frigate bird
fortaleza fortress
fosa moat
fracaso failure
franciscano Franciscan (Order of
  Catholic priests)
fuego fire
  ramo de fuego sheet of fire
fuente, la source
  fuente secundaria second-hand
  source
fuerza strength
fumar to smoke
fundar to found, to establish

gallo dory (a type of fish); rooster
ganado cattle
ganancias earnings
ganar to earn
  ganar el aprecio to earn the
  respect
  ganar el sustento to make a
  living
ganso, -a goose
gasto expense

gaviota seagull
generación, la descendant
gentil gentlemanly
gobernador perpetuo perpetual
  governor
golondrina de mar tern (type of
  bird)
grado rank
grajao tern (type of sea bird)
gran nave, la flagship
gratificación reward
grillo cricket
grueso, -a thick
guarda *(m. & f.)* guard
guardar to put away
guardián *(m. & f.)* keeper,
  guardian
guerrear to make war
guerrero warrior

haba lima bean
hacer agua to leak, spring a leak
hacerse de to form, to make; to
  acquire
halagar to flatter
hamaca hammock
hebreo Hebrew
hecho deed; fact
hierba weed
  banco de hierba clump of
  seaweed
hierro iron
hincarse to kneel
hocico snout
hojalata sheet of tin
hondo, -a deep
honra honor
hospedarse to lodge, to stay
hueso bone
huir (y) to flee

impedimento impediment, obstacle
imprenta printing press
imprimir to print
incurrido, -a incurred
indicio indication
indígena *(m. & f.)* native
indiscutible unquestionable
influyente *(m. & f.)* one who has influence
infranqueable impassable
ingenio intelligence, craftiness
ingreso enrollment
inquebrantable unyielding, firm
invadir to invade
Islandia Iceland
isleño, -a islander
isleta small island
izar to hoist (sails); to raise a flag

jornada journey; expedition
jubón, el doublet (a kind of jacket)
judío *(m. & f.)* Jew, Jewish
junco rush, reed
juntamente together
juntar to gather
junto a next to, together with
jurar to take an oath
juzgar to judge

labrado carved; tilled
ladrar to bark
lagartija lizard
lanza spear
latón, el brass

lealtad, la loyalty
lejano, -a faraway
lenguado flounder
lenteja lentil (a kind of bean)
leña firewood
letrado, el man of letters, learned
levante, el East, Orient
ley, la law
lináloe, el aloe
lindar to border
lisa mullet (a type of fish)
listo, -a ready
llamar to call
  llamar a voces to shout
llano, -a flat
llegada arrival
llegar to come
  llegar a ser to become
lleno, -a full
  de lleno completely
llevar a cabo to carry out
llovizna drizzle
lograr to obtain, to achieve
loma hill
lombarda cannon
  tiro de lombarda cannon shot
lombardero gunner
lugar, el place

madera wood
  madera fina fine wood
  madera tallada carved wood
madroño strawberry tree
madrugada early morning, daybreak
malo, -a bad
  mala gana ill will
  mala suerte bad luck
mando command

manilla bracelet
manso, -a tame
mantener to keep
manto headdress
maquinación, la scheming, plotting
mar, el *o* **la** sea
  mar abierto open sea
  mar alto high sea
  mar bravo rough seas
maravedí, el silver coin
maravillar to amaze
marea tide
marfil, el ivory
mayor greater, larger
medianamente moderately, fairly
medroso, -a fearful
melaza molasses
menester, el need, want
  ser menester to be whatever one needs
mentir (ie, i) to lie
mercader, el merchant
merced, la favor
meritorio, -a worthy
miel, la honey, molasses
milla náutica nautical mile, equal to 1.124 land miles
misa mass
mítico, -a mythical
moderarse to calm down
moneda coin
mordida bite
moro *(m. & f.)* Moor, Moorish
mostrar (ue) to show
mozo youngster, boy
mudarse to change direction
multa fine
múltiple many, multiple
multitud, la flock
murmurar to murmur, grumble
musulmán, el moslem

N

nácar, el mother-of-pearl
nalga buttock
nariz, la nose
  nariz aguileña aquiline (hook) nose
naturaleza private parts
nave, la ship
navegar to sail
navío ship
negar (ie) to deny
nieto, -a grandson, granddaughter
Nuestro Señor Our Lord
nuevamente again
nuevas news

O

obedecer (zc) to obey
objeto purpose
obligar to force
observador comptroller
ocaso sunset
oído hearing (sense of)
ojo eye
olfato smell (sense of)
olvidar to forget
  olvidar el sueño to give up sleeping
orgullo pride
oriente, el east
ovillo spool, ball (of yarn, wool)

P

pago payment
pájaro bird
  pajarito de campo field bird
paje, el page (someone who runs errands)

pala de hornero baker's shovel
palma palm
palo twig, stick
  palo labrado carved stick
  palo mayor main mast
paludismo yellow fever
pámpano salp (type of fish)
paño cloth
papagayo parrot
paraíso terrenal Garden of Eden
pardela variety of tern
parecer, el opinion
parecer to seem
parentesco relationship
partida point
  punto de partida starting
  point
partir to depart
pasar to pass on; to make a
  crossing
pavor, el great fright
pecado sin
pedazo piece
pedimento petition
pedrada stoning, a blow with a
  stone
pendiente hanging
perdido, -a lost
perfeccionar to improve,
  perfect
pergamino parchment
personal, el crew
pertenecer (zc) to belong
pesado, -a heavy
pesar to weigh; to cause sorrow
pescuezo neck
petrel, el petrel (sea bird)
pez golondrino, el flying fish
piedra stone, rock
piel, la skin
pieza piece
pijota hake (type of fish related to
  the cod family)
pinar, el pine forest

pintarse to paint oneself
pintura painting
placer, el pleasure
plantío field (cultivated)
plazo time limit
población, la village
poblador *(m. & f.)* inhabitant;
  settler
poder, el authorization
pómulo cheekbone
poner to put
  poner en libertad to set free
  ponerse el sol to set (*said of sun*)
  ponerse en peligro to put
  oneself in danger
poniente, el west
popa stern of a ship
portarse to behave
portón, el portico, gate
posarse to roost; to land, settle
poseer to have
postrado, -a lying flat
precavido, -a cautious
precioso, -a precious
prender to apprehend
preocupado, -a worried
preparar to make ready
presentir (i) to foretell
preste, el priest
presuntuoso, -a vain, arrogant
primacía primacy, preeminence
primogénito, -a first-born
principal important
privilegio grace
proa bow of a ship
profundo, -a deep
prohibir to forbid
promontorio promontory, hill
propicio, -a favorable
proporcionar to furnish, provide
propósito purpose
provecho reward
prueba proof
puesta de sol sunset

Q

quedarse to remain
quejarse to complain
querer (ie) to want, wish
queso cheese

R

rabihorcado frigate bird
rabo de junco reed tail (a type of bird)
ramo branch
  ramo de fuego sheet of fire
raza race
razonar to reason
recio, -a fast, rapid; rough (when referring to water)
  recio de la corriente speed of the current
recoger to gather
recompensa reward
reconocer (zc) to recognize
recontar (ue) to recount
recordar (ue) to remind
red, la net
redondo, -a round, rounded
regatear to haggle, bargain
regreso return
rehusar to refuse
relucir (zc) to shine
remar to row
remo oar
remolino whirlpool
Renacimiento Renaissance
rendirse (i) to surrender
renunciar to renounce
reñir (i) to reprimand, to argue
reparar to repair
repostero main officer
requerir (ie) to require; to request
requisito requirement
respirar to sigh

resurgir to resurge
retrato portrait, rendering
rezar to pray
riachuelo stream
ribera shore
riesgo risk
rincón corner, secluded place
riñón, el kidney
roble, el oak
rodear to circle
rojizo, -a reddish
romería pilgrimage
romper to break
  romper sobre cubierta to crash over the main deck
ruido noise
ruin vile
ruiseñor, el nightingale
rumbo course
  con rumbo a bound for
  fuera de rumbo off course
  tomar el rumbo to head (toward)

S

sabor, el flavor, taste
saeta dart
sagaz sagacious, astute
salado, -a salty
salir to leave
  salir a tierra to land
salmón, el salmon
saltar to jump off
salvo except
sano, -a healthy
Santa Fe Holy Faith
sargazo sargasso, gulfweed
sastre, el tailor
secuaz *(m. & f.)* accomplice
seguir (i) to follow
según according to
  según parece it seems that

seguro safe
sello seal
  sello de plomo lead seal
sentido sense
  sentido marino sense for the
  sea
sentir (ie) to feel
seña mark, sign
  por señas by sign language
señal, la sign
  señal cierta certain signal
señalado selected
septentrión North (cardinal point)
seso brains
  falta de seso brainless
siempre jamás forever and ever
sierra saw
  sierra de agua water sawmill
siglo century
siguiente following
singularísimo, -a very special
síntesis, la summary
  hacer síntesis to summarize
sirena mermaid
soberano sovereign
soberbia arrogance
sobre over
  sobre todo above all
sol, el sun
  sol poniente setting sun
soltar (ue) to let go
sonaja rattle
sondear to take soundings
soplar to blow
sortija ring
  sortija de latón brass ring
sospechar to suspect
sostener to maintain; to insist
sostenerse to keep oneself up
  (upright)
sucesor, el descendant
suegra mother-in-law
suegro father-in-law

suelo ground
sueño dream
superar to surpass, overtake
sustento living
  ganar el sustento to make a
  living
sutil sophisticated

T

tablachina wooden shield
tablilla small board
tanto a bit (of distance)
tapiz, el tapestry
tazón, el bowl
tejedor, el weaver
temer to fear
temor, el fear
templado, -a warm, temperate
temprano, -a early
  temprana edad young age
tenacidad, la tenacity, perseverance
tenaz tenacious, persistent
tener to have
  tener consigo to have the
  support of
  tener costumbre to be in the
  habit
  tener interés to be interested
  tener por cierto to be certain
tercer, tercero, -a third
  tercera generación third
  generation, third hand
  terceros third parties
tesoro treasure
testarudo, -a stubborn
testigo *(m. & f.)* witness
tiburón, el shark
tiempo time; time of day; weather
tienda tent
tierra land
  tierra adentro inland

tierra firme mainland, continent

tifoidea typhoid fever

timón, el rudder

tintura dye

tirar to pull

tiznado, -a smudged, smeared

tizón, el hot coal

tomar to take, to grab

tonel, el barrel

tonelero barrel maker

tonina tuna fish; dolphin

tornar to return

tórtola turtledove

tortuga turtle

traficante de vinos *(m. & f.)* wine merchant

tragar to swallow

trama plot

tramar to plot, scheme

trastornarse to capsize

tratar de to try to

través, el inclination, slant

  dar al través to hit broadside on

  de través broadside

trazar to draw

trecho short space, distance

tripulación, la crew

trocar to barter, exchange

tronco trunk

trozo piece

truco trick

trueno thunder

trueque, el barter

turbación, la upset

únicamente only

urgir to urge

vaciar to bail; to empty

valentía daring, bravery

vara wooden shaft

vasija jar, vase

vasto, -a spacious, vast

vela sail

  a toda vela full speed ahead

  hacer a la vela to set sail

  vela mayor main sail

velero sailing ship

veloz fast

venidero, -a future, coming

ver to see

  ver para creer to see is to believe

verdadero, -a true

vestido, -a dressed

vía de acceso access route

viaje, el trip

  viaje de ida y vuelta round trip

viajero, -a traveler

  viajero afortunado fortunate sailor

vidrio glass

  collar de vidrio glass necklace

  taza de vidrio glass cup

viejo, -a old

viento wind

  viento alisio trade wind

vigilante sharp; watchful

villa small town

virrey Viceroy

vivo, -a alive; bright

voluntad, la will, willpower

voluntarioso willing; willful

zarpar to set out to sea

zona tórrida torrid zone

zozobrar to sink